GOTHA: JUSTUS PERTHES

Peter Hertel

Zu den Ruinen von Simbabwe

Klett PERTHES

Die Deutsche Bibliothek - CIP-Einheitsaufnahme

Hertel, Peter:
Zu den Ruinen von Simbabwe / Peter Hertel. - Gotha : Perthes, 2000
(Forschen und Entdecken)
ISBN 3-623-00356-5

Autor und Verlag danken folgenden Damen und Herren für die freundliche Zurverfügungstellung von Abbildungsunterlagen zu diesem Buch:
Prof. Dr. Herbert Bock und Frau Usch, Frankfurt am Main;
Herrn Gunter Kröber, Erlangen;
Prof. Dr. Lothar Rother, Schwäbisch Gmünd;
Prof. Dr. Bernd Wiese, Köln

ISBN 3-623-00356-5

1. Auflage

Einband und Schutzumschlag: Kirsten Steinbach, Stuttgart
Herstellung: Ulrich Wutzke, Berlin
Druck und buchbinderische Verarbeitung:
Salzland-Druck, Staßfurt

http: www.klett-verlag.de/klett-perthes

Gedruckt auf Papier aus chlorfrei gebleichtem Zellstoff

Inhaltsverzeichnis

Ein Vorwort

Es ist gar nicht so selten, daß junge Menschen den sehnlichsten Wunsch haben, die Welt zu entdecken. Sie möchten auf Expeditionen gehen und das Leben fremder Völker erkunden. Namen von Forschern und Reisenden wie ERICH WUSTMANN, THOR HEYERDAHL und auch ERICH VON DÄNIKEN hatten und haben immer einen besonderen Klang für junge Leute. Ihre Vorträge waren ebenso ausverkauft wie ihre Bücher.

An der Wende zum neuen Jahrtausend haben sich diese Wünsche noch etwas spezifiziert.

Bei meinen Recherchen zu den „Rätseln der Menschheitsgeschichte" bin ich schnell auf die Ruinen von Simbabwe gestoßen und damit zu CARL MAUCH vorgedrungen.

Was muß dies für ein Mann gewesen sein? In sehr jungen Jahren begann er seinen Körper zu stählen, ertrug Hunger und Durst und trainierte tagelange Märsche. Dies nur, weil er sein Lebensziel in der Erforschung des südlichen Afrikas sah. Über viele Umwege, zwischendurch mußte er Geld für die Weiterfahrt verdienen, gelangte er tatsächlich auf diesen Kontinent. Immer noch ohne die geringste finanzielle Unterstützung, begann er das Land zu vermessen, die Völker zu beschreiben und eine erste Karte zu zeichnen. Erst nach drei Jahren kam ihm ein damals weltbekannter Kartograph aus Gotha zu Hilfe. Er sammelte Sponsorengelder, um den Afrikareisenden zu unterstützen. Jetzt konnte sich CARL MAUCH einige wenige astronomische Instrumente kaufen, um die Orte auf seiner Reise besser bestimmen zu können.

Im Zenit seiner Laufbahn entdeckte MAUCH den elliptischen Tempel von Simbabwe, und ihm kamen dabei verständlicherweise die phantastischsten Erklärungsversuche in den Sinn. Vielleicht hatte er den Ort Ophir entdeckt, aus dem die ägyptische Königin Hatschepsut schon Jahrtausende vorher Weihrauch und Myrrhe importiert hat.

Auf jeden Fall, und das schien ihm leider bewiesen, konnten diese Bauwerke niemals von den schwarzen und primitiven Einwohnern Südafrikas errichtet worden sein.

Nach seiner Rückkehr nach Deutschland berichtete Mauch in Vorträgen über das Gesehene. Die Zuschauer kamen zu ihm in Massen und waren fasziniert.

Leider war es um MAUCHS Gesundheit durch die Entbehrungen der sieben Jahre langen Reise schlecht bestellt, leider empfing er von den großen Forschungseinrichtungen Deutschlands kaum eine Würdigung und geriet wieder in finanzielle Schwierigkeiten. So war es zunächst ein Glücksumstand, daß ihm in Blaubeuren in einem Zementwerk eine Stelle angeboten wurde.

Damals wohnte er im Bahnhofsgebäude dieses Städtchens und stürzte schließlich, vermutlich durch einen nächtlichen Schwächeanfall, aus dem Fenster des zweiten Stockwerkes, wobei er ums Leben kam.

Wir heute so nüchtern und rational denkenden Menschen fragen uns vielleicht, ob sich denn dieser Einsatz für MAUCH gelohnt hat!

Ich kann diese Frage aus meiner Überzeugung heraus nur mit ja beantworten. Ein anderes Leben hätte er nicht leben können. Mit den Jahren in Afrika hat sich der immer mutige CARL MAUCH den einzigen Traum seines Leben erfüllt.

Vielleicht ist ihm das nur gelungen, weil er einfach ein bißchen mutiger war als wir heute. Wenn der Leser glaubt, in einer solchen Äußerung etwas Neid zu spüren, so hat er durchaus recht damit.

„Mauch zieht allein aus, trägt sein Gepäck selbst, und es folgen ihm nur wenige Eingeborene, er macht selbst die astronomischen Aufnahmen, untersucht Pflanzen und Gesteine, ist sein eigener Arzt und Koch und schießt sich selbst das Wild, das er über dem Feuer bereitet." ALFRED LENZE (1888)

Ein einsamer Wanderer – biographische Notizen zu einem kurzen Leben

CARL MAUCH ist nur 38 Jahre alt geworden. Er starb in Tagen, in denen er den Nutzen aus seiner körperlichen Anstrengung und geistigen Leistung der Jahre in Afrika hätte ziehen können.

Die Familie MAUCHS väterlicherseits war vermutlich im südlichen Teil des Schwabenlandes ein altansässiges Bauerngeschlecht. In den Kirchenbüchern von Oberflacht (Tuttlingen) und in der Umgebung von Rottweil finden sich Eintragungen über seine Groß- und Urgroßeltern bis zurück zur Mitte des 18. Jahrhunderts.

Die Mutter CARL MAUCHS, CHRISTIANE DOROTHEA GREINER war in Stetten im Remstal zu Hause. Ihre Vorfahren waren Schneider und Weingärtner.

CARL GOTTLIEB MAUCH wurde als Ältester von vier Geschwistern am 7. Mai 1837 in Stetten geboren.

Vater JOSEPH übte zunächst den Beruf eines Schreiners, also Tischlers, aus und war später Obermann im 7. württembergischen Infanterie-Regiment.

In einem Brief nach dem Tode ihres Sohnes schrieb seine Mutter: *„Unser weniges Vermögen, das ich und mein Mann gehabt, haben wir an unsere Kinder gewendet, um sie ausbilden zu lassen, damit sie ihr Brot in der Fremde verdienen können."* (OFFE, S. 6)

Bescheidene Kindheit

Die Intentionen des kleinen Mauch sind offenbar ebenso entstanden wie bei HEINRICH SCHLIEMANN. Nach seiner Rückkehr aus Afrika erzählte er seinen zahlreichen Zuhörern folgende Geschichte:

„In einem Schulatlas, der mir zum Weihnachtsfest in meinem 10. Jahr gegeben worden war, war es besonders die Karte von Afrika, die meine Neugierde rege machte. Ich wollte wissen, was innerhalb des einförmigen Küstensaumes zu sehen sein möchte außer

dem Nyassa-See und dem Mondgebirge, oder, um mich eines Ausdruckes eines bekannten Geographen zu bedienen: ‚was die Kartenwüste in Wirklichkeit verberge'. Später ward es meine größte Lust, Reisebeschreibungen zu lesen, und mit wahrer Gier verschlang ich Jagdabenteuer. Diese allerdings mehr kindliche Neugier wuchs mit mir heran und bemächtigte sich meiner so sehr, daß sich in mir im 15. Jahre der feste Gedanke bildete, Entdekkungsreisen in Afrika zu machen. Daß gewisse Studien hierzu notwendig seien, sah ich wohl ein, und mit besonderer Vorliebe hatte ich mich darauf verlegt, mich mit der Insektenwelt vertraut zu machen, ohne jedoch Sammlungen im elterlichen Hause anlegen zu dürfen. Es bedurfte fernerhin keiner weiteren Anregung; der Entschluß stand fest, wenn ich ihn auch nirgends laut werden lassen durfte."

MAUCHS Eltern legten Wert auf eine gute Erziehung und eine umfassende Schulbildung. Zweimal pro Woche war Gottesdienst angesagt. CARL besuchte zunächst die Volksschule in Ludwigsburg. Auf Grund seiner herausragenden Leistungen schlugen seine Lehrer vor, daß er ab seinem zwölften Lebensjahr die Realschule besuchen sollte. Dort fiel CARL ebenfalls durch, wie es damals hieß, *„Kenntnisse, Sitten und Fleiß"* auf, worauf man ihm die für die Zulassung zur Laufbahn eines Lehrers erforderliche Prüfung schenkte.

Von 1854 bis 1856 belegte CARL MAUCH einen zweijährigen Kurs auf dem Schullehrerseminar in Schwäbisch-Gmünd.

MAUCH überragte die Mitschüler nicht nur an geistiger, sondern auch an körperlicher Größe, er war gewandt im Laufen, Klettern und Schwimmen. Am liebsten aber lief er allein durch die Natur.

Im Seminar zeigte der Schüler hervorragende Kenntnisse in Mathematik, Musik und Grammatik. Sein Vater half mit einem finanziellen Zuschuß von zwei Gulden pro Monat.

Obwohl er ein fleißiger Schüler war und nach guten Leistungen strebte, vergaß er nie den Traum seines Lebens. Sein Ziel war und blieb immer Afrika und nicht ein Lehrerpodest im Schwabenlande.

Tätigkeit als Lehrer

Vom 28.11.1856 an war CARL Lehrgehilfe in der katholischen Stadtschule in Isny. Hier nahm er Privatunterricht in Fremdsprachen und Mathematik. Seine besonderen Interessen schien wohl auch die Schulinspektion bemerkt zu haben und ordnete eine Überwachung durch einen älteren Lehrer an. Der äußerte sich jedoch nur anerkennend über die schulamtliche Tätigkeit CARL MAUCHS.

Abb. 1: Carl Mauch nach seiner Rückkehr aus Afrika (Quelle: Mager 1893, Tafel)

1858 hatte MAUCH die Gelegenheit, den nicht besonders geliebten Dienst in der Schule aufzugeben. In Slowenien (damals Österreich-Ungarn) wurde eine Hauslehrerstelle ausgeschrieben, die er auch erhielt. 1859 gab es eine Reihe von kriegerischen Unruhen, und Mauch, der von der Musterungskommission als „bedingt untüchtig“ eingeschätzt wurde, hat man zur Erfüllung seiner Landwehrpflicht als „Freiwilliger auf Kriegsdauer“ der 2. reitenden Batterie zugeteilt.

Die württembergische Artillerie war in die kriegerischen Auseinandersetzungen zwischen Österreich-Ungarn und Frankreich im Bunde mit Sardinien-Piemont verwickelt. Der Krieg endete mit der Niederlage des Habsburgischen Reiches und der Abtretung der Lombardei an Italien.

Danach arbeitete MAUCH wieder als Hauslehrer, diesmal bei der österreichischen Familie Kment. Der Vater war Eisenbahn- und Bauingenieur und gerade dabei, die Kärntner Bahn zu bauen. Die Familie wohnte in Drauburg (Dravograd) und später in Marburg (Maribor). Fünf Jahre war Carl Mauch mit dieser Familie eng verbunden und war seinen Zöglingen, den Söhnen des Bauingenieurs ein guter Lehrer. Dann kehrte er nach Württemberg zurück.

Körperliche und geistige Reisevorbereitungen

In diesen Jahren nutzte MAUCH seine Freizeit sehr gezielt zur Vorbereitung der Afrikareise. Er las oft in der Bibliothek, benutzte das physikalische und naturwissenschaftliche Kabinett des Gymnasiums und besuchte die Museen und den botanischen Garten in Graz. CARL legte danach den Grundstock zu seinen Insekten-, Blatt- und Mineraliensammlungen und erweiterte sein medizinisches Wissen durch Gespräche mit Ärzten und durch das Studium von Fachliteratur.

In dieser Zeit begann er auch, seinen Körper bewußt zu trainieren. Sechs Meilen und mehr pro Tag legte er ohne Verpflegung und bei jedem Wetter zurück. Er turnte und machte Schießübungen.

Am 10. September 1863 erhielt der Kirchenrat in Isny ein Schreiben Mauchs mit der Bitte um Entlassung aus dem Schuldienst oder Erteilung eines Urlaubs auf unbestimmte Zeit. Der Inhalt hat damals sicher für Aufsehen gesorgt (MAGER 1993, S. 18):
„Wenn ich neuerdings mich bittend nahe, so liegt ein Zweck vor, der nicht Sonderinteressen verfolgt, dessen Beweggrund wohl als ein edler anerkannt werden muß, ein Zweck, bei dem das eigene Leben aufs Spiel gesetzt, bei dessen Erreichung der Wissenschaft

ein Dienst geleistet wird. Dieser Zweck, den ich mir als Lebensaufgabe gestellt, ist kein anderer, als einer Expedition nach Innerafrika mich anschließen oder diese bei Gelegenheit auf eigene Faust auszuführen. Ich habe in geistiger und körperlicher Beziehung nichts versäumt, was mich zu meinem Vorhaben geeignet machen könnte. Um mich zu akklimatisieren, zeigte sich in den letzten Tagen eine Gelegenheit, die nicht so leicht wiederkehren dürfte: es ist mir nämlich für Kairo eine günstige Stelle angetragen, in der ich zugleich imstande wäre, mich der unumgänglich notwendigen arabischen Sprache, die ich zwar theoretisch kenne, vollkommen praktisch mächtig zu machen und dabei pekuniär so gut gestellt zu sein, daß mir die Fortsetzung meiner naturhistorischen Arbeiten möglich ist ... Ich werde mich bestreben, meinem Vaterlande alle Ehre zu machen, und hiedurch meinem herzlichen Dankgefühle Ausdruck geben."

Bereits fünf Tage später traf die Antwort bei MAUCH ein. Welches Behördentempo! Man teilte ihm mit, daß der Entlassung zugestimmt wird, dies aber die Verpflichtung nach sich zöge, einen Betrag von 235 Gulden für die Ausbildung zurückzuzahlen.

CARL MAUCH traf die Nachricht wie ein Blitz aus heiterem Himmel. Überhaupt scheint er in finanziellen Dingen ziemlich arglos gewesen zu sein. In einem Brief an die Behörde appelliert er an deren Einsicht in die Größe seiner sich selbst gestellten Aufgabe: *„An die Stipendien dachte ich nicht bei meinem Gesuch, und ich erschrak nicht wenig, als ich das Urteil gelesen habe. Entschlossen, meinem gesteckten Ziele entgegenzugehen, erkläre ich mich bereit, die Schuld zu entrichten, allein für den Augenblick bin ich es nicht imstande; später würde ich es gerne thun. Meine Eltern haben einesteils beinah ihr ganzes Vermögen zu meiner Ausbildung verwendet und andernteils liegt ihnen noch die Sorge für die Zukunft der drei übrigen minderjährigen Geschwister ob. Darum möchte ich (im Hinweise auf meine 1 1/2 jährige Thätigkeit im Schulstande) um eine Frist von zwei Jahren ersuchen ... Wollte aber eine hohe Behörde das Füllhorn der Güte über mich ausschütten, und mir die Erstattung nachsehen, so würde ich jedes Ergebnis meiner Forschung – denn nur deshalb ging ich ins Ausland, um den schon lange gehegten Gedanken auf eigene Kosten mehr Nahrung zuführen zu können – als durch sie vermittelt betrachten.*

Mein Entschluß steht fest ... und in diesem Gedanken liegt der ganze Himmel meines irdischen Glückes, ihn werde ich zu erreichen streben trotz aller Hindernisse; ich kenne hierin nur das aut - aut: entweder für dieses erhabene Ziel zu leben, oder aber für die Welt abzusterben." (zitiert nach MAGER 1893, S. 19)

Mauchs zuständiger Dekan, namens Vogt, unterstützte das Vorhaben und empfahl dem Oberamt, den Reisepaß für Mauch trotz der Schulden nicht zu verweigern.

Der Paß wurde ausgehändigt und die Schulden zunächst an den Wohnsitz des Vaters übergeben.

Als Jahre später die ersten aufsehenerregenden Berichte über Mauchs Unternehmungen in den „Geographischen Mitteilungen" erschienen, wurde *„von der K. Domänendirektion die Allerhöchste Entschließung des Nachlasses der Schuld an den Kirchenrat bekannt gegeben"* (Mager, 1893, S. 19). Dieser sehr freundliche Akt geschah im August 1867, als Mauch schon über ein Jahr in Afrika weilte.

Probleme und Ungereimtheiten

Am 7. August 1863 befand sich Mauch in Unter-Drauburg (damals Kärnten) und wollte eine Woche später nach Triest fahren. Von da aus sollte die Reise weiter nach Ägypten gehen, doch *„ich erwähne nur, daß ich im Vertrauen zu einer unredlichen Person gezwungen ward, von meinem ursprünglichen Plan abzuweichen; nachdem ich im August 1863 von Triest aus meine Wanderung begonnen, gelangte ich einige Zeit darauf nach London, wo ich - wenn auch unter den allermißlichsten Umständen - Gelegenheit fand, 5 Monate lang mich mit wissenschaftlichen, besonders naturhistorischen Studien im britischen Museum, dem zoologischen Garten, dem botanischen Garten in Kew und im Kristallpalaste zu beschäftigen"* (Mager 1893, S. 24).

Erste Kontakte nach Gotha

Am 7. August 1863 schrieb Carl Mauch das erste Mal an August Petermann in Gotha:

„Euer Wohlgeboren werden entschuldigen, wenn ich mich an Sie wende in einem Anliegen, wo Sie allein mir den besten Rath ertheilen können und welches meine ganze Zukunft betrifft.

... Einziger Zweck meines Strebens ist der, zur Erweiterung der Kenntnisse geographischer Verhältnisse Afrika's nach Kräften mitzuwirken. Diesen Gedanken verfolge ich seit meinem 15. Jahre ... Von meinen so ziemlich unbemittelten Eltern zum Lehrfach bestimmt, war es mir leider nicht möglich, an die in der Real- und Oberrealschule meines Heimatortes Ludwigsburg in Würtemberg

erworbenen Kenntnisse Universitäts-Studien zu knüpfen, sondern ich sah mich angewiesen, zwei Jahre in einer Volksschullehrer-Bildungs-Anstalt zuzubringen, um sodann als spärlich besoldeter Lehrgehülfe ein ganz und gar nicht entsprechendes Leben zu führen."

CARL MAUCH schildert, daß er sich durch botanische Studien, Latein-, Französisch-, Arabisch- und Englischunterricht bildete und seit 1859 eine Hofmeisterstelle in Österreich inne habe. Der junge Mann teilte mit, daß er Insektensammlungen, ein Herbarium und eine Mineraliensammlung angelegt und medizinische Kenntnisse erworben habe. Er lobt den Gothaer Verlag:

„Ihre hoch geschätzten ‚Mittheilungen' lieferten mir das beste Material, in geographischer Hinsicht auf dem Laufenden zu bleiben ... So glaube ich in geistiger Hinsicht gethan zu haben, was mit meinen geringen Mitteln zu Stande gebracht werden konnte. Aber auch der Körper erheischt zu solchem Unternehmen seine Vorbereitung. Ich suchte ihn zu stählen durch Fussreisen von 6 Meilen und mehr per Tag, in jeder Jahreszeit, bei jeder Witterung, in jede Gegend, öfters ohne Speise und Trank bis zur Rückkunft zum Ausgangspunkt, in derselben gleich warmen Kleidung; dabei vernachlässigte ich das Turnen und die Schiessübungen nicht. Von der Natur aus bin ich gross und kräftig gebaut und von unverwüstlicher Gesundheit ... Nach dem Voranstehenden glaube ich mich für befähigt halten zu dürfen, an einer Expedition in gedachtem Sinne jedenfalls, wenn auch nicht in hervorragender Stellung, Theil nehmen zu können.

Muth und Entschlossenheit hierzu liegt im sehnlichsten Wunsche, an Stelle des allerdings viel tüchtigeren, aber leider zu früh verstorbenen Dr. Steudner sein zu können oder mit Hrn. v. d. Dekken von der Ostseite Afrika's aus ins Innere vorzudringen. Wegen Mangels an den nöthigen Geldmitteln sehe ich mich genöthigt, anstatt direkt dem Ziel entgegenzusteuern, den einen oder anderen zweier Umwege zu benutzen. Der erste wäre, mit Hülfe meiner kaufmännischen Kenntnisse zu trachten, in die tropischen Gegenden zu gelangen, und der zweite ist so abenteuerlicher Art, dass ich ihn hier verschweigen möchte. In Vorstehendem hätte ich nun die Ursache angegeben, weswegen ich mich an Euer Wohlgeboren gewendet habe, und ich fürchte, es bereuen zu müssen, nicht schon früher diese Weg eingeschlagen zu haben ... Sollten Sie die Güte haben, mich mit einigen Zeilen zu erfreuen, so bitte ich, poste restante nach Triest zu schreiben."

Der Verlag antwortete bereits zwei Tage später und schrieb MAUCH sinngemäß:

Obwohl dem Verlag die Förderung der geographischen Forschung sehr am Herzen liege, sieht man es in Gotha als Pflicht an, besonders den Neulingen unter den Entdeckungsreisenden die Größe und Schwere ihres Zieles deutlich zu machen. *„Auch in diesem Falle des Herrn Mauch hielten wir es für unsere Schuldigkeit, ihn darauf aufmerksam zu machen, mit welchen Schwierigkeiten die Erreichung seines Zieles verknüpft sein dürfte und wie wenig Aussicht, sein Vorhaben zu unterstützen, vorhanden sei, um so mehr, als zur Zeit die Expeditionen der Herren v. Heuglin und v. Beurmann, die uns mancherlei Verpflichtung auferlegten, noch in vollem Gange waren.“*

MAUCH beantwortete diesen Brief zunächst nicht. Erst im März 1866 schien ihm die Zeit reif, noch einmal nach Gotha zu schreiben. CARL MAUCH war bereits in Potschefstroem im Inneren Afrikas.

„Nach Verlauf von fast drei Jahren sehe ich mich erst in Verhältnissen, Ihr freundliches Schreiben vom 9. August 1863 zu beantworten ... Sie sehen, dass ich mich in jenem Lande weisser Menschen befinde, das sich am fernsten ins Innere des verschlossensten Erdtheils erstreckt. Seit Juni 1865 trachte ich danach, mich zu akklimatisiren, indem ich fleissig zu Fuss im Lande umherwandere, unbekümmert darum, ob ich zwei oder drei Tage ohne Nahrung in unbewohnter Gegend streife oder unliebsame Begegnung mit den grösseren Raubthieren zu bestehen habe. Die erste Frucht meiner Bemühungen nehme ich mir die Freiheit Ihnen so bald wie möglich zuzusenden; es ist diess eine möglichst genaue Karte der South African Republic, die ich nach den besten hier vorhandenen Quellen einerseits und nach Peilungen im Südwesten des Krokodil-Flusses andererseits, die Variation der Magnetnadel zu ungefähr 28 1/2 Grad West angenommen, entwarf, die äussere Ausstattung der Karte meinem Freunde Friedr. Jeppe überlassend. Gründe, warum ich dieselbe ausführte, bevor ich das ganze Land gesehen habe, sind: um einem allgemeinen Bedürfnisse abzuhelfen, um vielseitigen persönlichen Wünschen zu entsprechen und durch den Verkauf eine Unterstützung zu fernerer Thätigkeit zu gewinnen. Das Original ging gestern nach Kapstadt, um daselbst dem Druck übergeben zu werden. Auch umging ich es nicht, die Approbation von Seiten des Präsidenten der Republik, Pretorius, vorher zu erlangen. So darf ich denn ruhig Ihnen ein Exemplar zur freien Benutzung zu senden und gegen Ende Mai können Sie dasselbe in Händen haben.“

MAUCH bedauert, daß er außer einem Kompaß keinerlei Instrumente zur Messung von Winkeln, Höhen und Temperaturen zur Verfügung hat.

Er will in den nächsten Tagen entweder mit dem Elefantenjäger HARTLEY losziehen oder gar eine *„Jagd auf Kaffern“* mitmachen. *„Es soll nämlich dieser Tage wieder ein Kommando von 800 Mann aufgerufen werden, um gegen den Basuto-Chef Moshesh zu ziehen, der mit dem südlich vom Vaal-Flusse liegenden Freistaate Frieden zu machen, mit uns jedoch aller Wahrscheinlichkeit nach den Krieg fortzusetzen gedenkt.“*

MAUCH kritisiert die Staatskunst dieser Region. *„Klingende Münze ist fast vollständig aus dem Staate verschwunden; zur Ausfuhr geeignete Produkte sind nicht vorhanden, tausende von Ortschaften gingen an einer Krankheit zugrunde, desgleichen Rindvieh und Pferde.“* Schließlich bietet er noch Informationen über Möglichkeiten der Landwirtschaft und des Bergbaus an. Letzter Satz: *„Dürfte ich wohl erfahren, welches der gegenwärtige Stand des Thermometers für Unterstützung-Bewilligungen ist, ob ich hoffen darf, mein Werk beschleunigen zu können, oder dasselbe verzögert sehen muss?“*

Übersicht über die Reisen CARL MAUCHS in Afrika:

1. Reise:
22.5.1866 bis 10.1.1867 mit Elefantenjäger HARTLEY vom Limpopo nach Matebele
2. Reise:
15.3.1867 bis 1.12.1867 mit HARTLEY, drei Goldfelder entdeckt, 17,5° südl. Breite erreicht
3. Reise:
10.7.1868 bis 17.10.1868, Matebele verhindern Vordringen nach Norden
4. Reise:
1869, Erforschung und Kartierung der Transvaalrepublik, Blau- und Zoutpansberge am mittleren Limpopo bereist, zweimaliger Besuch der Diamantfelder, erster Fieberanfall
5. Reise:
1870 Erforschung der Delagoabai, erneut Fieberanfall
6. Reise:
16.12.1870 bis Januar 1871, gefährliche Bootsfahrt auf dem Baal von der Mündung des Mooi bis Hebron in Westgriqualand
7. Reise:
30.7.1871 bis Mai 1872, zwischen Limpopo und Sambesi bis 17,5° südl. Breite, Entdeckung Simbabwes

Gothaer Kartographie in der Mitte des 19. Jahrhunderts

1785 gilt als Gründungsjahr des Gothaer Kartenverlages. JOHANN GEORG JUSTUS PERTHES hieß der Gründer. Erst 15 Jahre später erschien die erste Karte als Buchbeilage in diesem Verlag, der damals den Namen „Perthessche Anstalt" trug.

Zunächst befasste man sich mit der Herausgabe des Gothaer Hofkalenders, der, wie man heute sagen würde, ein Bestseller war. Die ersten großen und erfolgreichen Atlanten wurden dann in der ersten Hälfte des 19. Jahrhunderts publiziert. Stielers Handatlas, Berghaus' Physikalischer Atlas, Sydows Methodischer Schulatlas und andere Kartenwerke begründeten den Ruhm der Gothaer Verlagsanstalt und ließen sie zur damaligen Zeit zu dem Zentrum der deutschen Kartographie werden.

In der Periode der Afrikareisen von CARL MAUCH erlebte die Geographische Anstalt Gotha einen beträchtlichen wirtschaftlichen Aufschwung. In den Jahren 1855 bis 1870 verdoppelten sich Umsatz und Nettogewinn (KÖHLER, S. 87). Ursachen dafür lagen unter anderem in einer veränderten Drucktechnik. Kupferstich und Galvanoplastik ermöglichten eine fast unbegrenzte Vervielfältigung. Das alles war mit einer Expansion des Verlages verbunden. Man brauchte Produktionsräume in denen mit den erforderlichen Chemikalien und elektrischen Einrichtungen umgegangen werden konnte. Nach der Errichtung neuer Gebäude konnte der Druck in eigenen Räume durchgeführt werden.

Die Perthessche Anstalt in Gotha erarbeitete sich damals ihren guten Ruf. Ein Zeitgenosse bezeichnete sie als *„Geographische Gelehrtenrepublik"* (KÖHLER, S. 91).

In der ersten Hälfte des 19. Jahrhunderts gab es den Beruf des Kartographen noch nicht und demzufolge auch keine solche Hochschulausbildung. So studierte AUGUST PETERMANN an der Potsdamer Kunstschule, die HEINRICH BERGHAUS leitete.

Zu den Gothaer Pionierleistungen für die Weltkartographie gehörten die Entwicklung des Berufsbildes des Kartographen, eine Ausbildung, die der wissenschaftlichen und technischen Seite des Berufes gerecht wurde, und der Aufbau einer Verlagsanstalt, die als Muster für andere galt.

Der „Gothaer Kartenstil" entwickelte sich rasch. „Stielers Hand-Atlas" war das Spitzenprodukt der Verlagsanstalt und wurde regelmäßig in neuen Auflagen herausgegeben. Wirtschaftlich wichtig waren für den Verlag auch die jedes Jahr neu benötigten Schulatlanten. Fast alle großen Atlanten der Verlagsanstalt erschienen in fremdsprachigen Ausgaben, wodurch man sich auch internationale Wertschätzung erarbeitete.

Ab 1855 erschien in Gotha die Zeitschrift „Mittheilungen aus Justus Perthes' Geographischer Anstalt", herausgegeben von Dr. AUGUST PETERMANN. Für sie und die mit ihr verbundenen Ergänzungshefte mußten zusätzlich jährlich etwa 30 Karten gezeichnet, gestochen und gedruckt werden. Diese Leistung konnten nur zahlreiche, im Verlag angestellte Kartographen, Stecher und Lithographen vollbringen.

Karten beinhalten eine große Informationsdichte. Diese galt es nicht nur darzustellen, sondern vor allem lesbar zu machen. Notgedrungen mußten die geographischen Details ausgewählt werden, Generalisierung, Namensschreibung, Schriftgestaltung, Strichstärken und vieles mehr war mit allen Beteiligten abzustimmen.

Zwischen 1862 und 1864 erschien die vierte Ausgabe des Stieler-Atlasses. AUGUST PETERMANN bearbeitete für diese Auflage 14 Karten.

In PETERMANNS Wirkungszeit wurde in Gotha der Übergang zum progressiven metrischen System vollzogen. Dies erkennt man vor allem in den Maßstabsangaben, im Dezimalsystem und in den Brüchen 1 : x. Erstmals wurden in die Karten Angaben von Höhenzahlen und Meerestiefen eingefügt.

AUGUST PETERMANN förderte weiterhin das Schablonenkolorit. Die Verwendung von Schablonen brachte bei der Handkolorierung der Karten eine wesentliche Produktionssteigerung. In dieser Zeit arbeiteten im Durchschnitt 200 Koloristinnen in der Verlagsanstalt.

Diese wirtschaftlichen Erfolge versetzten den Verlag überhaupt erst in die Lage, zahlreiche Forschungsaktivitäten - u. a. auch die von MAUCH - aktiv zu unterstützen. Natürlich mit demdurchaus legitimen Hintergund, die gewonnenen Erkenntnisse dann möglichst schnell in die eigenen Erzeugnisse einfließen zu lassen.

Zu den Erfolgen der Wissenszunahme auf den Karten der „Mittheilungen" in der Zeit von AUGUST PETERMANN liest man bei KÖHLER, S. 114ff.:

„Ein großer Teil der Karten in den ‚Mittheilungen' und ‚Ergänzungsheften' steht im Zusammenhang mit den Forschungsreisen ... An einem großen Teil der Reisen hatte Petermann als Organisator, Vermittler finanzieller Unterstützung und Berater für die Forschungsziele Anteil. Die eingehenden Routenskizzen, Tagebuchaufzeichnungen, Ortsbestimmungen und Briefe wertete Petermann aus und setzte sie in Karten um ... In der überwiegenden Anzahl der Fälle verknüpfte ... Petermann die neuen Nachrichten und Daten mit dem bisherigen Wissen, arbeitete beides ineinan-

Ophir und Carl Mauch's Entdeckung der Ruinen von Zimbabÿe.

Gotha, 27. März 1872. —

Abb. 2: „Ophir und Carl Mauch's Entdeckung der Ruinen von Zimbabÿe"; (Originalmanuskript von AUGUST PETERMANN) (Quelle: Archiv des Justus Perthes Verlages Gotha)

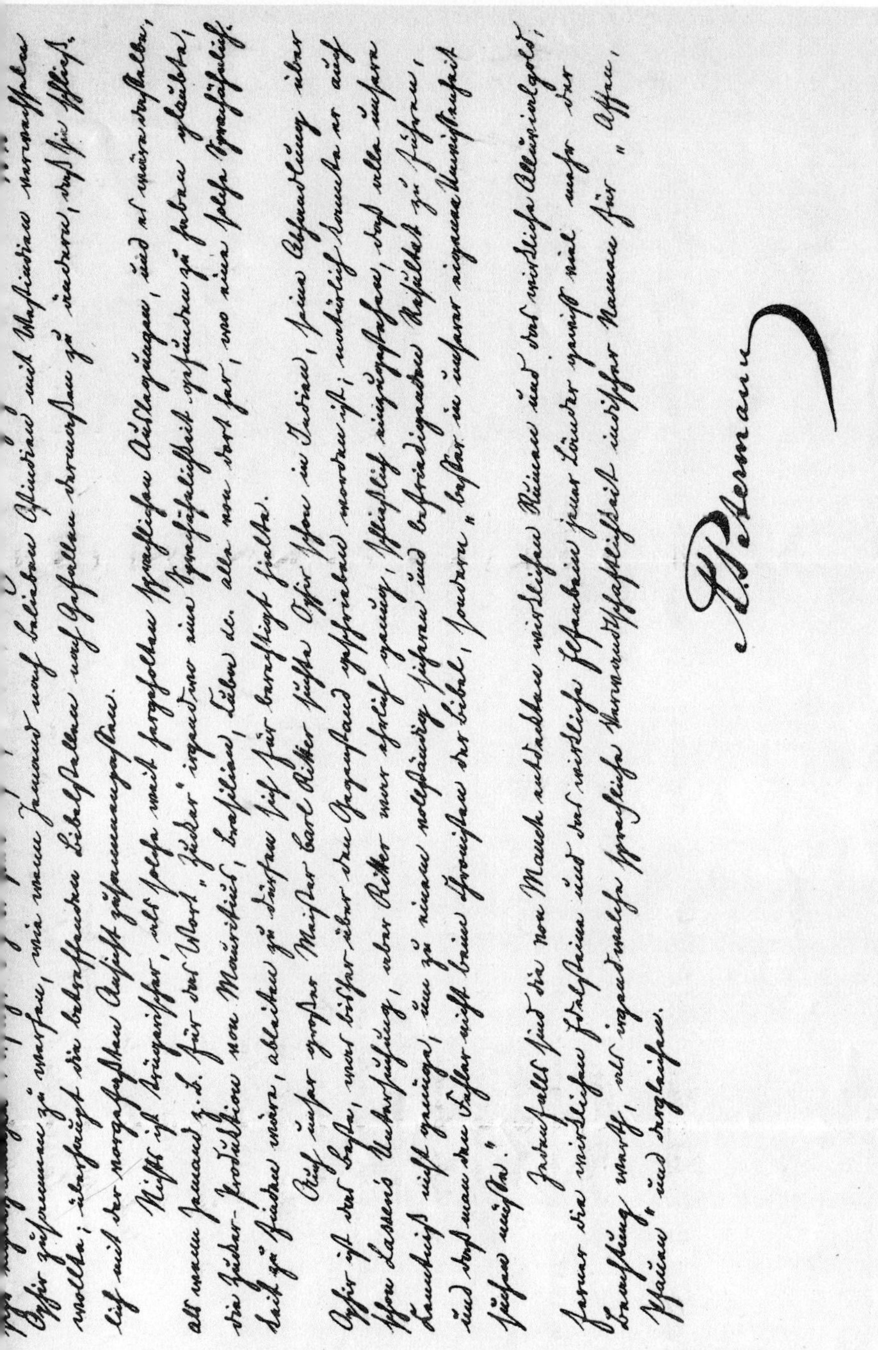

Ophir zusammen zu werfen, wie wenn Jemand nach beliebigen Ostindien mit Westindien verwechseln wollte; überdies bringt die betreffenden Bibelstellen nach Gefallen dermaßen zu ändern, daß sie schließlich mit der vorgefaßten Ansicht zusammenpassen.

Nichts ist trügerischer, als solche weit hergeholten sprachlichen Auslegungen, und es wäre dasselbe, als wenn Jemand z. B. für das Wort „Zucker" irgendwo eine Sprachähnlichkeit gefunden zu haben glaubte, die Zucker-Produktion von Mauritius, Brasilien, Cuba etc. alle von dort her, wo eine solche Sprachähnlichkeit zu finden wäre, ableiten zu dürfen sich für berechtigt hielte.

Auch unser großer Meister Carl Ritter suchte Ophir schon in Indien, seine Abhandlung über Ophir ist das Beste, was bisher über den Gegenstand geschrieben worden ist; natürlich kannte er auch schon Lassen's Untersuchung, aber Ritter war ehrlich genug, schließlich einzugestehen, daß alle unsere Kenntniß nicht genüge, um zu einem vollständig sicheren und befriedigenden Resultat zu führen, und daß man den Fehler nicht beim Chronisten der Bibel, sondern „besser in unserer eigenen Unwissenheit suchen müßte."

Jedenfalls sind die von Mauch entdeckten wirklichen Ruinen und das wirkliche Alluvialgold, ferner die wirklichen Edelsteine und das wirkliche Elfenbein jener Länder gewiß viel mehr der Beachtung werth, als irgend welche sprachliche Verwandtschaftlichkeit indischer Namen für „Affen, Pfauen" und dergleichen.

A. Petermann

der, schuf aus den einzelnen Fäden sozusagen ein Gewebe. Das Arbeitsergebnis war also eine Zweimannarbeit, die Analyse des Reisenden im Felde und die Synthese des Kartographen am Zeichenpult. Diese Integration war in jedem Fall mehr als die Addition der Einzelleistungen. Gerade hierbei hat Petermann seine größten Leistungen erzielt ... Weil die Reisenden nach dieser Auswertungsarbeit eine Karte des bereisten Gebietes erwarten konnten, nicht nur ein Abbild der Reiseroute im engeren Sinne, gaben sie ihr Material gern an die Gothaer Anstalt. Das wiederum war eine wichtige Voraussetzung für Petermanns organisatorisches und agitatorisches Wirken für die Intensivierung der Forschungsreisen.

Ein Teil der eingehenden Berichte war so umfangreich, daß sie den Umfang der Zeitschrift (pro Heft 40 Seiten, später weniger) gesprengt hätten. Petermann ließ daher ab 1860 größere, dafür geeignete Beiträge in [den oben bereits erwähnten - der Verf.] ‚Ergänzungsheften' zu den Mitteilungen drucken."

Durch die monatliche Erscheinungsweise der Zeitschrift war der Verlag sehr aktuell. Rückwirkend lassen sich in den Mitteilungen auch die Reisen von Carl Mauch verfolgen. Seine Berichte und damit in Zusammenhang stehende Beiträge nehmen in diesem Zeitraum einen durchaus beachtlichen Raum ein.

August Heinrich Petermann – Unterstützung aus der Heimat

Mit August Petermann begannen die Gothaer Kartographen ein neues Zeitalter.

Petermann wurde am 18. April 1822 in Bleicherode (Nordthüringen) geboren. Er besuchte nach der Volksschule in seinem Heimatort das Gymnasium in Nordhausen. Im Alter von 17 Jahren nahm die von Heinrich Berghaus gegründete „Geographische Kunstschule" in Potsdam den begabten jungen Mann kostenfrei auf. Er wurde dort zu einem der talentiertesten Schüler. Bereits 1841 zeichnete Petermann für den Atlas „Asie centrale" von Alexander von Humboldt eine Karte.

Ab 1845 finden wir ihn in Edinburgh in der Firma „Johnston & Comp." Dort arbeitete er an der englischen Ausgabe des „Physikalischen Atlasses". 1847 wurde Petermann Mitglied der „Royal Geographical Society" und konnte so in London noch wirksamer tätig werden. Durch seine kartographischen, schriftstellerischen und organisatorischen Erfolge bekannt geworden, wählte man ihn 1850, im Alter von nur 28 Jahren, zum Sekretär der „Geographischen Gesell-

Abb. 3:
August Heinrich Petermann (1822-78)
(Quelle: Archiv des Justus Perthes Verlages Gotha)

schaft". Seine folgende Ernennung zum „Physical Geographer and Engraver an Stone to the Queen" öffnete ihm die Türen zu allen für ihn wichtigen britischen Institutionen. 1852 gründete er eine eigene kartographische Anstalt.

Im Zeitraum von 1847 bis 1854 begannen seine Aktivitäten zur Organisation und Unterstützung von Forschungsreisen, von denen Carl Mauch später profitierte. Mit Unterstützung von Carl Ritter schaffte es Petermann, den beiden Forschern Adolf Overweg und Heinrich Barth die Teilnahme an der Richardsonschen Expedition nach Zentralafrika zu ermöglichen.

Aus dieser Zeit stammen auch erste Kontakte zu Wilhelm und Bernhardt Perthes in Gotha. Am 1. August 1854 begann August Petermann seine Tätigkeit in Gotha. Durch seinen Aufenthalt in London hatte Petermann ausgezeichnete Beziehungen zu wichtigen Fachkollegen, aber auch zu Politikern und Forschungsreisenden aufgebaut. Davon profitierte natürlich der Verlag in Gotha. So erreichten ihn auch in Deutschland zahlreiche Berichte von Forschungsreisen und Expeditionen aus allen Teilen der Welt.

Um diese allen Interessenten zugänglich zu machen, entstanden dann die bereits oben erwähnten „Mitteilungen aus Justus Perthes' Geographischer Anstalt über wichtige neue Erforschungen auf dem Gesamtgebiete der Geographie von Dr. A. PETERMANN“. Vom ersten Heft wurden 3 000 Stück gedruckt und am 16. März 1855 herausgebracht. Diese Zahl reichte bei weitem nicht aus, so daß 750 Exemplare nachgedruckt werden mußten!

Besondere Aufmerksamkeit im ersten Heft erregten die Berichte der Afrikaforscher HEINRICH BARTH und EDUARD VOGEL.

PETERMANN übertrug den Forschern öffentlich bestimmte Aufgaben. Er verpflichtete sich dafür, Originalberichte, Routenaufnahmen, Tagebücher usw. in seinen Mitteilungen zu veröffentlichen.

Die Zielgebiete der von ihm angeregten Expeditionen lagen über den gesamten Globus verstreut. Er organisierte sieben Polarexpeditionen, Reisen nach Inneraustralien, Amerika, Osteuropa und zur Erforschung der Meeresgeographie.

Ab 1860 mußten zu den Mitteilungen Ergänzungshefte erscheinen, da die Fülle des geographischen Materiales immer größer wurde. Die Geographischen Mitteilungen und ihre Ergänzungshefte wurden in der Mitte des 19. Jahrhunderts zu den bedeutendsten Publikationsorganen im Bereich der geographischen Erforschung der Erde. Sie trugen wesentlich zur Entwicklung des sog. Gothaer Kartenstils bei, der besonders ab der 4. Ausgabe des Stieler-Handatlasses, 1864, zum Ausdruck kam. Die Karten erhielten, letztlich durch den Einfluß von PETERMANN, immer mehr ein „geographisches Gepräge“.

Für PETERMANN standen die Quellen im Vordergrund geographischer Arbeit. Er bezog seine Informationen möglichst immer aus den Originalquellen, untersuchte sie kritisch und nutzte sie für neue Karten. In den Karten des Stieler-Atlasses führte er ab der 5. Ausgabe die Höhen- und Tiefenzahl ein, nannte die Gipfelzahlen und unterschied zwischen wasserarmen und wasserreichen Flüssen. Wüsten wurden als Sand- oder Steinwüsten gekennzeichnet, und gemeinsam mit CARL VOGEL führte er die Schraffur in der Geländedarstellung ein.

PETERMANNS Karten waren in erster Linie geographisch und nicht politisch. Flüsse und Bergketten zeichnete er immer länderübergreifend.

AUGUST PETERMANN erhielt in seinem Leben eine Reihe von Auszeichnungen. 1868 wurde ihm beispielsweise die „Große Goldene Medaille der Königlich Geographischen Gesellschaft zu London“ verliehen.

Noch heute tragen zehn geographische Orte der Erde, ein Krater auf dem Mond und die geographische Fachzeitschrift „Petermanns Geographische Mitteilungen“ den Namen des deutschen Geographen und Kartographen.

Die Fachkollegen in Gotha haben seine Schaffensperiode als die „Ära Petermann" gekennzeichnet. Diese ging mit seinem Tode am 25. September 1878 zu Ende. Er überlebte damit Carl Mauch nur um drei Jahre.

Hilfe des Verlages durch Spendenaufrufe

Wie soll man jemandem ohne finanzielle Mittel helfen? Die Antwort wußte August Petermann schon vor 150 Jahren, und sie heißt im heutigen Sprachgebrauch: Sponsoring.

So verfaßte August Petermann am 23. Mai 1867 einen „Aufruf zu Beiträgen und öffentlichen Sammlungen für Carl Mauch, den deutschen Entdeckungsreisenden im Innern von Süd=Afrika."

Eine wichtige Zielgruppe für Sponsoring war damals offensichtlich das Militär, und so wurde der Aufruf unter anderem auch in der Darmstädter Militärzeitung veröffentlicht.

Petermann ist sich der Problematik schon bewußt, wenn er schreibt: *„Das deutsche Volk wird durch öffentliche Sammlungen für tausenderlei Zwecke unausgesetzt in Mitleidenschaft gezogen, - Grund genug, um nicht noch neue zu veranlassen. Das ist wenigstens mein Gefühl ... Hier aber handelt es sich nicht um Projecte oder um Unternehmungen, veranlaßt durch geographische Kreise oder Personen daheim, sondern ein deutscher Forscher, im Besitz von ebenso großer Thatkraft als geringen Geldmitteln, dem man seit 4 Jahren von seinem Vorhaben abzurathen suchte, ist von einem unwiderstehlichen Drange in das Innere des gefährlichsten Continents getrieben, um sein Leben der Vollbringung einer wissenschaftlichen, ganz Deutschland zur Ehre gereichenden That zu weihen ... Größere Liebe hat kein Mensch und größere Opfer kann kein Mensch bringen als sein eigenes Leben, das aber riskirt jeder einzelne dieser wissenschaftlichen Heroen bei der Verfolgung ihrer schwierigen Aufgabe ... Carl Mauch (hoffte) seit 4 Jahren auf Hülfe und Unterstützung aus Deutschland, und obgleich ihm bisher kein Pfennig wurde ..."*

Erste Spenden kamen von der Berliner Missionsgesellschaft (10 Thaler), einem Verlagsbuchändler aus Jena (10 Thaler), HH. Cramer und Buchholz in Rönsahl (60 Thaler) und Dr. H. Rohlfs in Bremen (30 Thaler).

Daß die Hilfsaktion für Mauch so erfolgreich wurde, ist mit Sicherheit der Persönlichkeit Petermanns zu danken. Dies bezeugt ein Brief an das „Bureau des Vereins deutscher Ingenieure für die allgemeine Ausstellung zu Paris pro 1867".

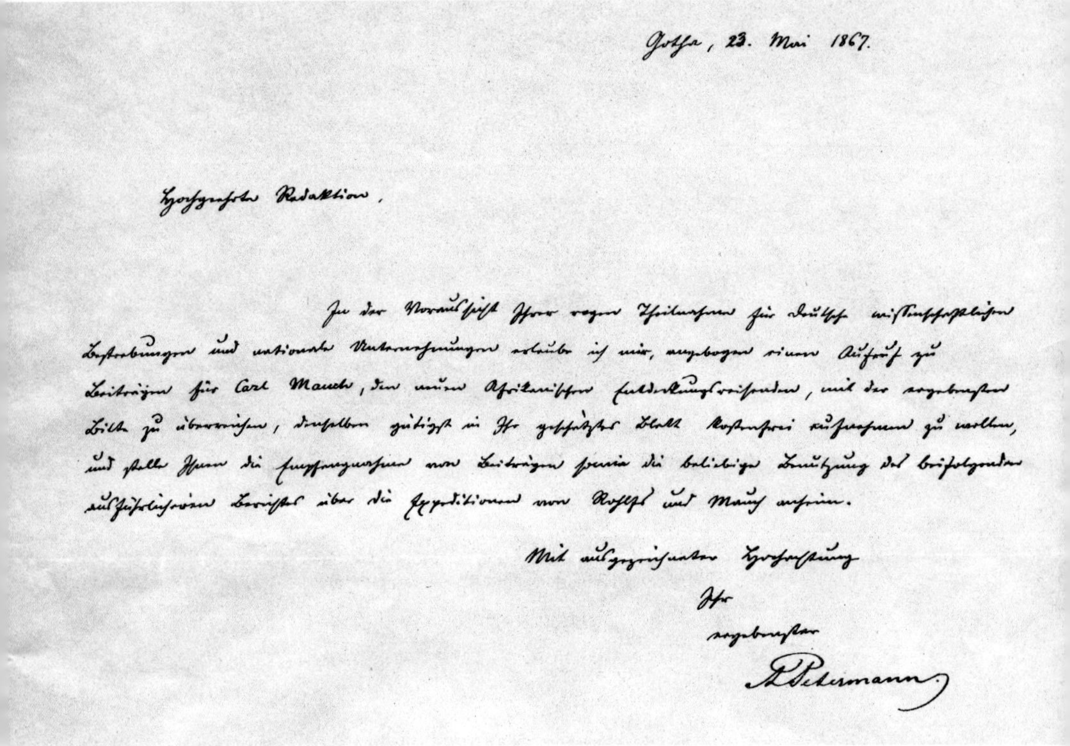

Gotha, 23. Mai 1867.

Hochgeehrte Redaktion,

In der Voraussicht Ihrer regen Theilnahme für deutsche wissenschaftliche Bestrebungen und nationale Unternehmungen erlaube ich mir, anliegend einen Aufruf zu Beiträgen für Carl Mauch, den neuen Afrikanischen Entdeckungsreisenden, mit der ergebensten Bitte zu überweisen, denselben gütigst in Ihr geschätztes Blatt kostenfrei aufnehmen zu wollen, und stelle Ihnen die Empfangnahme von Beiträgen sowie die beliebige Benützung der beifolgenden ausführlichen Berichte über die Expeditionen von Rohlfs und Mauch anheim.

Mit ausgezeichneter Hochachtung

Ihr

ergebenster

A. Petermann

Abb. 4: Standardanschreiben von AUGUST PETERMANN für den Spendenaufruf (Abb. 5, S. 26), versandt an diverse Zeitschriftenredaktionen
(Quelle: Archiv des Justus Perthes Verlages Gotha)

Ihn schrieb der Hauptmann der Artillerie a. D. CHR. HARKORT aus Westphalen:

„Von meinem Bruder, dem Abgeordneten, Hauptmann Friedrich Harkort in Wetter an der Ruhr, wird mir soeben anliegender Brief unseres grossen Geographen, des Herrn Professor Petermann in Gotha übersandt, datirt vom 15. dieses Monats, dessen Inhalt wohl nicht verfehlen wird, auch im Kreise Ihres geschätzten Vereines den nöthigen Eindruck zu machen, um es als Pflicht erscheinen zu lassen, unter den vielen hier eintreffenden bemittelten Deutschen und Fremden aller Länder, zu Gunsten des deutschen Reisenden in Central-Afrika, Herrn Carl Mauch, eine Sammlung in Beiträgen zur Fortsetzung seiner Reisen in's Innere jenes Landes, geneigtest auch hier in starke Hand zu nehmen.

Meine eigenen vielfachen Bemühungen in den letzten Jahren, ‚den deutschen Handel und die deutsche Schifffahrt über Lissabon nach der Westküste Afrika's zu fördern, sowie die Einführung des deutschen Bergbaues und Gründung von eigenen deutschen Colonieen daselbst,' geben mir vielleicht ein Anrecht, die obige dringende Bitte an Ihren werthen Verein zu richten, dessen Wirken ja auch mit der Ausbreitung deutschen Industriefleisses im Verkehr mit fremden und befreundeten Nationen zum Ziel hat.

Beikommenden Beitrag zur gefälligen Eröffnung Ihrer Subscription - im Fall - erlaube ich mir mit Franken ein hundert beizuschließen.

Mit aller Hochachtung

gezeichnet Chr. Harkort, Hauptmann der Artillerie a. D."

August PETERMANNS Spendenaufruf fand einen großen Widerhall. Insgesamt kamen 2 636 Thaler zusammen, die MAUCH auch komplett erhielt.

Spender waren auch zahlreiche Persönlichkeiten, die sich mit der Erforschung Afrikas verbunden fühlten. Der Vater des Afrikaforschers GERHARD ROHLFS, ein Arzt in Bremen, gehörte dazu. Ebenso der Stiefbruder des holländische Reisenden ALEXINE TINNÉ, der Vater des 1863 in Kanem im Tschad ermordeten KARL MORITZ VON BEURMANN, FERDINAND VON KRAUSS, ein schwäbischer Naturwissenschaftler, das württembergische Königshaus, Missionsgesellschaften in Basel und Berlin sowie einige deutsche Geographische Gesellschaften.

Besonders „großzügig" war der Verein für Geographie und Naturwissenschaften Kiel, der in einem Beschluß vom 6. Mai 1867 festlegte (zitiert nach SOMMERLATTE, S. 55): „*Der Verein hält dafür, daß bei günstigen Umständen durch die Reise des Herrn Mauch den Wissenschaften erhebliche Bereicherung erwachsen muß, denn die bisherigen Resultate geben für die Befähigung dieses Reisenden das günstigste Zeugnis, und überhaupt lehrt die Erfahrung, daß mit kleinerem Apparat Reisende in den unbekannten Regionen verhältnismäßig sehr günstige Resultate erzielen können.*

Der Verein beschließt deshalb, entsprechend seinen Kräften, sogleich 50 Thaler für Herrn Mauch beizusteuern."

Man braucht den kühnen Reisenden ob der spärlichen finanziellen Unterstützung heute nicht *zu* sehr zu bedauern, denn wie wir wissen, hat man damals vor Ort fast kein Geld benötigt, weil man sich der Lebensweise der Eingeborenen anpaßte.

Abb. 5: „Aufruf" von AUGUST PETERMANN „zu Beiträgen und öffentlichen Sammlungen für Carl Mauch, den deutschen Entdeckungs-Reisenden im Innern von Süd-Afrika", 1867 (Quelle: Archiv des Justus Perthes Verlages Gotha)

Aufruf zu Beiträgen und öffentlichen Sammlungen

für Carl Mauch,

den deutschen Entdeckungs-Reisenden im Innern von Süd-Afrika.

Seit 1849, als Dr. Barth und Dr. Overweg in Gemeinschaft des Engländers Richardson den Afrikanischen Boden betraten, um ihr großes Entdeckungswerk zu beginnen, — schon 17 Jahre und länger —, sind deutsche Forscher unablässig thätig gewesen, unsere immer noch so geringe Kenntniß dieses Kontinentes zu vermehren.

Manche der edelsten Söhne Deutschlands sind diesem Werke zum Opfer gefallen, wie Adolf Overweg, Eduard Vogel, Richard v. Neimans, Albrecht Roscher, Moritz v. Beurmann, Hermann Steudner, Karl von der Decken, und viele Andere; zum Ruhme unseres Vaterlandes kann es gesagt werden, daß die kleine Schaar todesmuthiger deutscher Entdeckungs-Reisenden noch nicht ausgestorben ist und hoffentlich nicht so bald aussterben wird, sondern sich fortan durch neue Kräfte verjüngt.

Zu den gegenwärtig hervorragendsten und hoffnungsreichsten dieser aufopferungsvollen Männer gehören Gerhard Rohlfs aus Bremen und Carl Mauch aus Württemberg.

Gerhard Rohlfs widmet der Wissenschaft bereits 5 volle Jahre mit großem Erfolg: seine Reisen in Marokko sind die wichtigsten, die ein Europäer jemals dort ausführte, im Süden von Algerien drang er weiter vor, als alle französischen Armeen bisher vorzudringen vermochten, und das mit Mitteln so bescheiden, wie sie aber nur zur Fristung des ärmlichsten Lebens ausreichen. Denn G. Rohlfs, von Hause aus mittellos, mußte die Kosten seiner wichtigen Entdeckungsreisen von dem Gelde bestreiten, welches ihm als Unterstützung von Anderen zufloß, — auf seiner erfolgreichsten und bedeutendsten Reise, über den Hohen Atlas und nach Tuat, gebrauchte er in 1½ Jahren nur 600 Thaler. Glücklicher Weise war der Patriotismus und der Sinn für die Wissenschaft daheim stark genug, um ihn nicht ganz hülflos zu lassen, und vor Allem suchte Bremen, sowohl dessen Hoher Senat als alle Schichten der Bevölkerung, eiferten darin, seinem Gerhard Rohlfs Geldmittel zuzuführen. In neuester Zeit ist ihm von Seiner Majestät dem König Wilhelm von Preußen die ganz besondere Anerkennung zu Theil geworden, daß auf seinen Wunsch dem Sultan von Bornu in Centralafrika für die Unterstützung und Protektion, die er dort genoß, Königliche Geschenke aus Berlin übersandt wurden: ein neuer Thron, ein Staatswagen und eine goldene Uhr.

Die Entdeckungsgeschichte Afrikas vor Carl Mauch

Von Entdeckungsgeschichte zu sprechen, heißt bei uns immer „europäische Entdeckungsgeschichte“ zu rekapitulieren. Die Europäer waren aber keineswegs *die* Weltentdecker. Schließlich haben rund um den Globus Menschen neue Gebiete entdeckt, betraten zum ersten Mal vorher noch unbekannte Gebiete und kultivierten diese für sich.

Afrika wird gemeinhin als der „Schwarze Kontinent“ beschrieben, was nicht nur auf die Hautfarbe der dort lebenden Menschen, sondern auch darauf zielt, daß bis in die Neuzeit hinein für die Europäer viele seiner Gebiete im Verborgenen schlummerten.

Die Kultur der Ägypter im Norden des Kontinents brachte im vielfältigsten Sinne Licht aus dem Erdteil nach Europa. Ein paar hundert Meilen südlicher begann, so die Vorstellung mancher Historiker, das Dunkel Afrikas, eben der Schwarze Kontinent.

Die Entdeckung Afrikas ging von einem der ältesten Kulturstaaten der Welt, nämlich von Ägypten aus. Gesichert seit der Mitte des 3. Jahrtausends v. Chr., mit großer Wahrscheinlichkeit schon früher, fuhren die Ägypter in das geheimnisvolle Land Punt. Wir werden später sehen, welche Bedeutung MAUCH diesem Land beimaß.

Berühmt und überliefert sind die Fahrten nach Punt, die die Königin Hatschepsut (1482–1481 v. Chr.) veranlaßte. Ihre Schiffe brachten Weihrauch, Myrrhe und Elfenbein nach Ägypten. Ihr Heimathafen lag in der Nähe des heutigen Kosseir.

In das afrikanische Goldland, das in Somalia oder auch nur an der südlichen Westküste des Roten Meeres gelegen hat, drang um 945 v. Chr. eine von König SALOMO ausgesandte israelitisch-judäisch-phönikische Expedition vor. Das muß ein äußerst lohnendes Unternehmen gewesen sein. Es brachte 420 Zentner Gold, Sandelholz und Edelsteine nach Ezeon Geber, am Golf von Akaba gelegen, zurück.

Im Zeitraum von 1200 bis 500 v. Chr. unternahmen die Phönizier weitreichende Fahrten um Afrika. Um 595 v. Chr. fuhren sie im Auftrag des Pharaos NECHO II. um ganz Afrika herum. Die Geschichte ist bei HERODOT (IV, 42) nachzulesen: *„Die Phoiniker fuhren auch aus dem Roten Meer in das südliche Meer ... und kamen im dritten Jahr durch die Säulen des Herakles nach Ägypten zurück ... Auch sagten sie – mag es glauben, wer da will, ich glaube es nicht –, daß sie auf der Fahrt nach Libyen die Sonne zur Rechten gehabt* *hätten.*" Erst 2100 Jahre später wurde diese Umrundung Afrikas durch die Portugiesen wiederholt.

Der Grieche EUTHYMENES von Massilia gelangte zwischen 530 und 520 v. Chr. vermutlich schon bis zum Senegal und hatte die Aufgabe, hier Niederlassungen einzurichten. Das gelang dann aber erst um 525 v. Chr. dem Karthager HANNO. Er drang später bis zur Küste von Guinea vor und hatte in der Nähe des Kamerunberges den südlichsten Punkt seiner Reise erreicht. Römische Schiffe fuhren unter POLYBIUS um 145 v. Chr. an der Nordwestküste Afrikas entlang.

Erst die Könige der ägyptischen Ptolemäer-Dynastie schickten ihre Truppen tiefer nach Nubien, zum Atbara und Blauen Nil bis zu den Bergen Äthiophiens hinein. Der Tanasee und der Quellsee des Blauen Nils waren ihnen im 3. Jahrhundert v. Chr. schon bekannt.

In den Jahren 23 bis 22 v. Chr. drang der römische Statthalter von Ägypten, C. PETRONIUIS, mit einer Heeresabteilung bis zum heutigen Merwoe, unterhalb des 4. Nilkataraktes, vor. Unter NERO (54 bis 68 n. Chr.) erreichte eine römische Expedition die Nilsümpfe in der Nähe der Bahr-el-Ghasal-Mündung.

Der letzte große Geograph des Altertums, PTOLEMÄUS (2. Jahrhundert n. Chr.), kannte die ostafrikanische Küste bis Sansibar, beschrieb die großen Seen und die schneebedeckten Mondberge (das Gebiet um den Ruwenzori).

Über die Entdeckungsreisen der Neuzeit ins südliche Afrika gibt es umfangreiche Dokumentationen. An dieser Stelle soll deshalb nur eine Zusammenfassung stehen.

Aus dem 16. Jahrhundert sind fünf Männer bekannt, die Südafrika bereisten. Darunter 1573 HOMEM, der in das Land Monomatapa vordrang. Im 17. Jahrhundert fuhren DAPPER (1686) und LOJARDIERE (1687) in die Kafferländer. Im folgenden Jahrhundert kamen 13 Forscher in den südlichen Teil des Schwarzen Kontinents. Mit dem 19. Jahrhundert begannen die großangelegten Erkundungen und meist gut organisierten Expeditionen. 156 verschiedene Unternehmungen habe ich bis zum Ende der Reisen von CARL MAUCH gezählt.

Mit den Seereisen des englischen Kapitäns JAMES COOK (1769–79) erwachte erneut das geographische Interesse Europas am Süden Afrikas. 1788 gründeten die Engländer die „African Association", und aus der Zeit stammt eine Charakterisierung des Entdeckungsstandes (zitiert nach MAGER 1893, S. 3):

„Die Karte Afrikas ist eine weite, weiße Fläche, auf welcher der Geograph gestützt auf die Autorität des Leo Africanus und des nubischen Schriftstellers Edrisi mit zögernder Hand einige Namen von unerforschten Flüssen und ungewissen Völkern verzeichnet."

Abb. 6: Die im Jahre 1617 gedruckte „Neue Beschreibung von Afrika" des Niederländers WILLEM BLAEU (1571–1638), ein Nachstich eines Werkes des HENRICUS HONDIUS, zeigt die Eintragung „Zimbaos", und der Oberlauf des Limpopo trägt den Namen „Zambaye" (Quelle: Sächsische Landesbibliothek, Staats- und Universitätsbibliothek Dresden)

In der Mitte des 19. Jahrhunderts befand sich auf eben dieser Karte zwischen Transvaal und dem Sambesi ein besonders großer weißer Fleck. Der sollte zum Arbeitsgebiet von CARL MAUCH werden. Gemeinsam mit den Untersuchungen von JEPPE und MERENSKY wurden die Grundlagen zur topographischen Erfassung dieser Gegend geschaffen. Fast gleichzeitig mit MAUCH sind andere Forscher in dem Gebiet unterwegs gewesen. ERSKINE fuhr 1868 den Olifantfluß bis zu seiner Mündung in den Limpopo hinab und erforschte das Gasaland am Sabi. WOOD verknüpfte 1868 den östlichsten mit dem westlichsten Punkt von MAUCHS Reisen. 1869 bis 1870 untersuchten MOHR, BAINES und HÜBNER das Gebirge südlich des Sambesi. HOLUB reiste 1875–1876 von da bis zu den Viktoriafällen, und der Jäger SELOUS durchwanderte 1877–1878 das Gebiet zwischen dem mittleren Sambesi und dem Bangweolo-See.

Bevor die Reise beginnt – praktische Tips für Afrikaforscher vor hundert Jahren

Im Januar 1865, nach 75 Tagen Fahrt, traf MAUCH mit einem deutschen Schiff in Durban ein.

Am Abend des Ankunftstages stehen folgende Worte in seinem Tagebuch: (MAGER 1893, S. 26):
„Ernstlicher Kummer beschlich mich, als ich daran dachte, auf welche Weise ich zunächst meinen Lebensunterhalt zu verdienen haben werde, um mich zu akklimatisieren und tüchtiges im Forschen leisten zu können". Daß wir uns heute in vergleichbarer Situation über dieses Problem schon etwas früher Gedanken gemacht hätte, sei angemerkt.

Bekleidung und Ausrüstung eines Afrikareisenden im 19. Jahrhundert

MAUCHS folgende Ausführungen beziehen sich auf seinen Erkenntnisstand vor der letzten Reise und sind nach seiner Rückkehr aus Afrika aufgeschrieben worden.

Zunächst äußert es sich umfassend zu seiner Bekleidung:
„Den Forderungen der Eleganz und Mode konnte ich ... wenig nachgehen, ja nicht einmal der Forderung, die man gewöhnlich stellt, daß sich der Mensch je nach der Jahreszeit kleiden soll. Für viel praktischer mußte ich es erkennen, mit nur einem Anzug vielleicht mehrere Jahre zu reisen. Dauerhaftigkeit ist die vorzüglichste Anforderung und deshalb kleidete ich mich mit Ausnahme der Leibwäsche in Leder. Rock, Weste und Beinkleider waren passend angefertigt aus gegerbtem, weich gearbeitetem Hirschfell und versehen mit vielen geräumigen Taschen, wovon jede ihren bestimmten Gegenstand zu beherbergen hatte. Eine starke Ledermütze, zum Aufhalten der Sonnenstrahlen von Gesicht und Nacken mit zwei Schilden versehen, bedeckte den Kopf. Die unteren Extremitäten steckten unbesockt in den starken Schuhen, diese hatten eine dreifache Sohle und waren überdies noch mit starken Eisennägeln beschlagen. Zur Leibwäsche wählte ich den dicksten Flanell, den ich auftreiben konnte.

Dauerhaft war solches Kostüm. Allein bei der sprichwörtlich gewordenen afrikanischen Hitze war das Gewicht anfänglich unerträglich. Nach und nach gewöhnt man sich daran, und wenn man auch die beschwerende Eigenschaft der Kleidung einen Fehler nen-

nen möchte, so wird er doch durch mehrere Vorteile weit überwogen. Das lederne Kostüm ist so weit und bequem angefertigt, daß zwischen dem Körper und ihm sich eine Luftschicht vorfindet, welche nahezu dieselbe Temperatur beibehält, ob es nun heiß wie am Mittag oder kühl wie in der Nacht ist. Ferner ist die Oberfläche so glatt, daß, falls ein unartiger Büffel oder ein jähzorniges Rhinozeros den Wanderer unversehens nötigen sollte, sein Heil in der Flucht durch gefährliche Dornbüsche zu suchen, nur wenig Anhaltspunkte geboten sind, an denen sich jene bekannten rechtwinkligen Risse bilden könnten, wie wir sie an gewöhnlichen Kleiderstoffen gewahren, wenn wir uns rasch durch Rosenbüsche oder Brombeersträucher drängen wollen.

Noch einen gar nicht zu verachtenden Vorteil muß ich erwähnen. Jene kleinen Tierchen nämlich, die sich bei Unreinlichkeiten so wohl fühlen und deren selbst der Reinlichste sich unter den Stämmen Afrikas nicht zu erwehren vermag, finden keine Umschlagsäume, worin sie Brüteplätze anlegen könnten.

Gegen Sonnenschein, Regen und Tau während der Nacht schützt ein Regenschirm von solcher Größe, daß eine kleine Familie darunter Platz finden kann; zu weiterer Bedeckung während kalter Nächte dient eine Woll- oder Pelzdecke (Karosse). Erstere ist europäisches oder amerikanisches Fabrikat, letztere wird von einzelnen Stämmen aus Tierfellen angefertigt, die sie hübsch zu bearbeiten und aneinanderzunähen verstehen, und zwar verwenden sie dazu die Felle von einer Zibethkatzenart, vom Klippdachs, Schakal oder Leopard.

Mit den erwähnten Dingen ist für Bekleidung und Schutz des Körpers gegen atmosphärische Einflüsse gesorgt.“

Umfassend berichtet der Afrikareisende MAUCH über seine Bewaffnung, überlebenswichtig bei Jagd und Selbstverteidigung:
„Ich muß mich aber auch mit Waffen und Munition versehen, denn ohne dieselben wäre ich übel dran; ich muß durchaus ein Jäger sein, der sein Ziel nur selten verfehlen darf. Vorderhand ganz abgesehen davon, daß das Gewehr in vielen Fällen zur Verteidigung zu dienen hat, so findet es fast täglich seine Anwendung bei der Beschaffung von Fleisch für mich und meine oft zahlreiche Begleitung.

Der Anforderungen an mein Gewehr sind nicht wenige. Ich muß mit ihm ebensogut den Elefanten wie ein Kaninchen, ebensowohl den Vogel Strauß als eine Wachtel erlegen können. Seine Läufe dürfen nicht besonders darunter leiden, wenn die Not dazu zwingt, anstatt einer weichen Bleikugel oder gehackten Bleies Glasperlen oder Quarzkörper zu laden. Die Schlösser müssen mit großer Ein-

fachheit äußerte Genauigkeit und Dauerhaftigkeit verbinden, damit ein Schaden nicht so leicht vorkommen oder wenigstens von mir selbst wieder ausgebessert werden kann. Eine andere, wenn auch selten in Anwendung kommende Waffe ist der Revolver. Bei den unwissenden Eingeborenen ist er von ausgezeichneter Wirkung, wenn er nur vorgezeigt wird. Das Drehen der Kammern erscheint ihnen kontinuierlich. Daß man ihn wieder laden müsse, daran denkt keiner. Wenn ich nun hierzu noch die gefüllte Pulverflasche, die womöglich 25 Kugeln enthaltende Tasche um die Lenden und ein langes Messer füge, so ist die Bewaffnung vollständig."

Daß den Forschungsreisenden MAUCH neben dem Überlebenswichtigen besonders das Instrumentarium bewegt, zeigt folgende umfangreiche Passage seines Berichtes:

„Den wichtigsten Teil meiner Ausrüstung machen aber die astronomischen und meteorologischen Instrumente aus. Sie erfordern die äußerste Sorgfalt und dürfen keineswegs einem Eingeborenen zum Tragen überlassen werden.

Von deren Gebrauch hängt es ja ab, sich in der weiten Wildnis zurechtzufinden, jeden Tag die Position zu bestimmen, die Entfernung von der Küste, im Falle man zur Flucht genötigt wäre, möglichst genau berechnen zu können.

Die vornehmste Stelle gebührt dem Sextanten. Es ist ein niedliches, praktisch angefertigstes Instrumentchen, das sehr zuverlässig arbeitete. Ein zweites Instrument ist der künstliche Horizont, bestehend aus einer oblongen (länglich, rechteckig – der Verf.), schmiedeeiserner Truhe, die inwendig mit schwarzem Lack überzogen ist, damit, wenn das Quecksilber bei einer schwierigen Behandlung verlorengehen sollte, auch Wasser verwendbar ist. Über diese Truhe wird ein Dach von Glasscheiben, welche unter einem rechten Winkel zusammenstoßen und in einen messingen, schwarzgefärbten Rahmen gefaßt sind, gestellt, um den Wind abzuhalten, also Störungen der leicht beweglichen Oberfläche der Flüssigkeit zu verhindern.

Ein weiteres, höchst nötiges Instrument ist der prismatische Kompaß, ferner ein Taschenkompaß, der bei minder genau zu machenden Beobachtungen, wie zum Beispiel über das Streichen von Gesteinen, viel handlicher ist. Eine gute Taschenuhr von stetigem Gange ist einem Chronometer vorzuziehen, wenn auch die Berechnung der geographischen Länge durch das Letztere stark vereinfacht würde; allein ein solch genaues Instrument läßt sich nicht einmal anfertigen, oder wollte man selbst diesen günstigen, sehr wünschenswerten Fall des Gelingens annehmen, so müßte die Konstruktion bei der rauhen Behandlung, der es dort beständig ausgesetzt ist, bedeutend leiden. Daher ist ein starkes Uhrwerk in gut schließendem Gehäuse das beste.

Zu Beobachtungen während der Nacht dient eine kleine Blendlaterne, deren Docht aus einheimischer Baumwolle angefertigt und welche mittels Öles aus Erdnüssen (Arachis) genährt wird.

Ein weiteres Instrument ist das Aneroidbarometer, sodann ein Thermometer. Zur Untersuchung von Gesteinen und Pflanzen darf auch die Lupe nicht fehlen, die zugleich als Brennglas verwendet werden kann, und zu den ersten überdies ein kleiner Hammer.“

Zudem reiste MAUCH zwar durch unerforschtes, aber nicht menschenleeres Gebiet. Er kam in friedlicher Absicht, klar aber war, daß es Mißtrauen zu überwinden galt. Was hilft da besser, als ein Geschenk. Zu diesem Zwecke mußte einiges mittransportiert werden. MAUCH war ein kräftiger Mann. Am liebsten hätte er sein Expeditionsgepäck selbst getragen, aber dafür reichte es dann doch nicht. Träger mußten her.

Alles in allem ein umfangreicher Problemkreis für damalige Afrikareisende, zu dem sich MAUCH folgendermaßen äußert:
„*Alle bisher aufgeführten Gegenstände, Instrumente und Waffen wurden meist von mir selbst getragen, und wenn auch deren Gesamtgewicht (50 bis 60 Pfund) eine große Last ausmachte, so durfte ich doch hoffen, daß sie weniger leicht von Schaden betroffen würden, als wenn ich sie den mindestens gleichgültigen, oft mutwilligen Trägern überlassen hätte, welche sich nichts daraus machen, zu verlieren, was sie nicht tragen wollen.*

Für Bücher, worunter sich jedoch keine ‚leichte Lektüre‘ vorfand, änderte ich das wasserdichte Etui für ein Gewehrkistchen in einen schulsackähnlichen Behälter zum Umhängen um; er barg außer den täglich mehrmals in Gebrauch kommenden Büchern, Logarithmen, Botanik, Gesteinslehre, noch Reißzeug, Farbenkasten, Journale, Zeichnungshefte, Tintenzeug und Handtuch mit Kamm und Haarbürste.

Als Behältnis für andere Gegenstände, wie Feilen, Nähzeug, Schleifstein, Ahle, Zangen, überhaupt für solche Gegenstände, welche zur Ausübung verschiedener Handwerke unentbehrlich sind, habe ich eine Botanisierbüchse verwendet, zur Aufbewahrung der notwenigen Arzneien eine verschließbare Blechbüchse.

Im bisherigen habe ich bezeichnet, was für meine Person und meine speziellen Zwecke unumgänglich notwendig ist. Die verschiedenen Berufsarten, die ich auszuüben habe, folgen oft rasch aufeinander; jetzt Astronom; dann Wäscherin, jetzt Botaniker, dann Schneider, jetzt Geolog, dann Schuster, jetzt Arzt, dann Köchin und dergleichen.

Da ich aber auch häufig mit den Eingeborenen zu tun bekomme, so muß ich mich mit den nötigen Tauschwaren versehen, teils, um Nahrung von denselben zu kaufen, teils auch, um mich bei den Häuptlingen durch Geschenke in Gunst zu setzen. Es wäre freilich besser, wenn man Münzen oder Banknoten als Zahlungsmittel mitnehmen könnte, aber leider ist dem nicht so. Ein Eingeborener im weiten Innern, wohin noch keine Kenntnis von dem Wert einer Münze gedrungen ist, würde eine glattpolierte Messingscheibe, die ein Loch hat, damit er eine Schnur durchziehen und sie als Schmuck um den Hals tragen könnte, einer Goldmünze weit vorziehen, und ein schneeweißes oder auch farbiges Papier, aufgerollt wie zu den Federbüschen der papiernen Generalshüte der Knaben, wenn sie Soldaten spielen, das er mit einer Schnur über der Stirn befestigen könnte, wäre ihm lieber, als eine Banknote mit hohem Wert. Solche Tauschartikel sind nun: ganz schlechte Baumwollstoffe von einfacher, weißer, indigoblauer, selten schwarzer Farbe oder auch gestreift in verschiedenen Farben, die sie gern zu Lendentüchern benutzen; grellrot gefärbte oder auch bunte Sacktücher der billigsten Sorte, die gern um den Kopf gebunden werden; Glasperlen von verschiedener Farbe und Größe, die, an Schnüre gereiht, bald um den Hals, bald um die Lenden getragen werden; Messingdraht zu Arm-, Hals-, und Fußringen für das schöne Geschlecht. Zur Verpackung dieser Waren dienen alsdann wasser-

Abb. 7: Aquarell aus MAUCHS Skizzenbüchern: Albasinis Station (?)
(Quelle: Hauptstaatsarchiv Stuttgart)

dichte Matten, angefertigt aus Schilfgräsern und dicke Bänder aus Baumbast oder zähen Gräsern.

So wäre die Ausrüstung ... beendet gewesen, aber besondere Schwierigkeiten machte noch die Beschaffung von Trägern. Albasini, bei dem ich mehrere Wochen weilte, brachte mir erst nach längerem Zögern und nur mit Anwendung von Drohungen und Schlägen die erforderlichen neun zusammen. Teilweise erhielten sie ihren Lohn voraus, den Rest desselben sollten sie bei ihrer Rückkehr gegen Vorzeigen eines Papiers mit ihrem Namen von Albasini erhalten. Ein im Dienst eines holländischen Bauern stehender farbiger Jäger diente als Dolmetscher. "

Ohne Träger geht es selten

Das wissen viele Reisende damals nicht nur aus Afrika zu berichten. Carl Mauch bewies jedoch bei vielen Routen, daß es auch ohne sie ging. Doch dann war das Gepäck sehr begrenzt, man konnte wirklich nur das allernötigste tragen.

Träger waren für Mauch nur ein notwendiges Übel, keineswegs eine Erleichterung oder eine Art von Wache. Sie verzögerten die Reise, warfen beim Nahen der Gefahr die Last beiseite und sprangen davon, den Herrn dem Schicksal überlassend.

Mauch berichtet dann weiter von den „Geduldproben" die einem die Träger auferlegen (Mager 1889, S. 43):
„Der eine hatte seinen Schnupftabak noch nicht bereitet, der andere seine prophetischen Hölzer, Beinchen, Muscheln, Wurzeln vorerst zu befragen, ein dritter mußte seinem in der Nähe wohnenden Halbbruder die Sorge für seinen Besitz, der in einer einzigen Ziege bestand, für die Zeit seiner Abwesenheit ans Herz legen; ein vierter hatte eine Liebschaft angefangen und möchte seiner Schönen gern einige Perlen als Abschiedsgeschenk verehren, wozu er natürlich erst meine Hilfe in Anspruch nehmen mußte; mein Dolmetscher hatte seinem Freunde ein Stück Blei von bestimmter Größe versprochen, hatte es jedoch zu Hause ganz vergessen; alle hatten aber noch nicht gegessen und getrunken. Da heißt es, sich mit Geduld zu wappnen, nur kein schiefes Gesicht machen, nur die Hand zum Geben hübsch offen halten. Die Leute wissen, daß ich ihrer bedarf, daß sie mir unentbehrlich sind.

Endlich ist Abschied genommen, die ganze Bevölkerung, groß und klein, bildet nun Spalier und unser Zug kommt in Bewegung, jeder Träger seinen Pack auf den Kopf oder auf die Schulter, ich selbst schreite hinterdrein, um ein wachsames Auge auf jeden zu

Abb. 8: Schwarzafrikaner in traditioneller Kleidung (Foto: B. Wiese, Köln)

haben, der etwa echappieren (flüchten) möchte. Sie rennen förmlich dahin auf den breitgetretenen Fußpfaden, die durch den heftigen Tau sehr schlüpfrig geworden und rechts und links von Gras, dichtem Gebüsch und verschiedenen dornigen Schlingpflanzen (Smilax) wie von einer Mauer eingefaßt sind, so daß jede Aussicht in die Ferne gehemmt ist. Da gewahre ich plötzlich einen Pack an der Seite des Pfades, aber keinen Träger dazu, der Zug kommt ins Stocken. Sollte der Mann davon gelaufen sein? Doch nein! Da kommt er nach einigen Minuten fast atemlos zurück, in der Hand seine primitiv konstruierte Wasserpfeife, die er hatte liegen lassen, er bedauert jedoch, daß er keinen Hanf, das beliebte Kraut zum Rauchen, besitze. Glücklicherweise erbietet sich ein anderer, seinen Vorrat mit ihm zu teilen oder wenigstens in Gemeinschaft die schöne Tugend des Betäubens zu üben. Er nimmt seine Last auf und wir ziehen weiter. Störungen wiederholen sich bei jedem kleinen Dorf, das passiert wird. Wo hätte ein Schwarzer keine Ver-

wandten, wo wäre er nicht geneigt, zu rauchen oder zu schnupfen? Wann wäre er nicht durstig genug, den angebotenen Topf mit gegorenem Getränke (ubutyala) bis zur Hefe zu leeren, oder hungrig genug, eine voluminöse Schüssel voll gekochter Maiskörner, Bohnen oder Brei in sich aufzunehmen? Darin leisten die Leute bei ihrem sehr dehnbaren Magen Unglaubliches.

Dann und wann erscheint während des Marsches ein Eingeborener aus dem Gebüsch, gesellt sich eine Strecke weit dem Zuge bei, mit äußerster Aufmerksamkeit betrachtet er alle und jeden, befragt sich um das Woher? und Wohin?, um Quantität und Qualität der verpackten Gegenstände und dergleichen und verschwindet dann ebenso plötzlich wieder, um die gemachte Entdeckung schleunigst weiter zu telegraphieren.

Wir wurden häufig von Leuten angeredet, welche in ihren Gärten beschäftigt waren, und öfters wurde sogar der Versuch gemacht, meine Träger durch Spottreden zum Abfall zu bewegen; doch sie hielten diesmal aus. Bei Besuchen der Häuptlinge etc. hatte ich für meine Träger nicht im geringsten zu sorgen; sie fanden überall Nahrung in Hülle und Fülle, und nur der Nachteil erwuchs mir daraus, daß sie gern länger bleiben mochten, und noch öfter ließen sie sich überreden, die Umkehr nach Hause anzutreten. Ich durfte mich z. B. nur mit dem Regendoktor nicht gut vertragen, so konnte ich sicher sein, daß er ihnen durch seine prophetischen Hölzer Unglück für die Reise voraussagte."

MAUCH, der große Individualist, wäre am liebsten immer allein gereist, doch das war nicht möglich. So machte er obige Erfahrungen und war selten begeistert von dieser Reisebegleitung (MAGER 1889, S. 45) *„Wie ich vorwärts kommen werde mit Hilfe Makraoranyo's* (ein Träger), *ist mir ein Rätsel; er macht mir viel Sorge; spreche ich vom Ochsen, so versteht er so ziemlich alles, möchte ich aber gern etwas aus ihm haben Betreff der Gegend, Bevölkerung, des Laufes der Flüsse, Kenntnis der Tränkstätten etc., so ist es kaum glaublich, daß er mich nicht versteht. Er ist zwar sehr willig, aber fürchterlich dumm; ich wünsche mir, daß er mich nicht in schlimme Verlegenheiten mit den Eingeborenen bringt."*

Nach schlechten folgen meistens gute Erfahrungen. So bei MAUCHS Reise 1871/72. *„Endlich gelang es mir, dem Häuptling Dumbo verständlich zu machen, daß ich Leute wünschte, um nach Mapansule zu kommen. Ich legte die Bezahlung für jeden einzelnen hin, ich übermachte dem Häuptling selbst ein Geschenk, er nahm es an, verlangte aber mehr für die Träger; ich legte zu, es genügte noch nicht, ja er verlangte zuletzt soviel, daß ich nicht einmal genug vorrätig hatte. Meine Lage war jetzt verzweifelt ...*

Doch sollte bald ganz unerwartet Erlösung kommen, indem sich freiwillige Träger meldeten. Gegen Nachmittag am dritten Tag erschienen plötzlich sieben kräftige Leute, gebadet in geschmolzenem Fett ihrer Haare und in Schweiß, und setzten sich schweigend vor mir nieder. Was nun? Ich sollte nicht lange in Zweifel bleiben. Bald darauf hinkte ein magerer, langer Kerl auf einem Bein, auf einen Stock sich mühsam stützend und fast außer Atem, ebenfalls herbei und aus den wenigen Worten, die er mir in Satabele sagen konnte, erkannte ich, daß er diese Leute, Söhne von Mapansule, herbeigeholt habe, da keiner in seinem Dorf etwas für mich habe thun wollen. Dabei deutete er auf sein gesundes Bein als das einzige, auf dem er den weiten Weg hin und zurück gemacht habe. Ich belohnte ihn reichlich zu seinem und seiner Mitbürger Staunen.

Die Sieben bepackten sich mit meiner Habe, ohne zuvor nach dem leichtesten Stück zu suchen, und mit erfreulicher Eile brachten sie mich aus der fatalen Bevölkerung hinweg. Noch am nämlichen Abend gelangten wir teils auf dem ebenen Feld, bald über Sättel zwischen Granitkuppen hindurch zu einem Außendörfchen des Mapansule. Wie ganz anders war jetzt die Behandlung! Was die Leute dachten, das mir gefallen könnte, boten sie mir an, Fleisch, Bier, Gras zum Nachtlager; sorgfältig legten sie mein Gepäck nieder und nicht die geringste Neigung schien vorhanden, mir auch nur das geringste zu entwenden.

Durch die Freundlichkeit Sewas (Häuptling der Baromapulana) zählten am Bempe die mich begleitenden Leute nicht weniger als 40, die sich bei der herrschenden Armut an Wild alle an mich wegen Kost wandten ...“

Im April des Jahres 1872 wollte CARL MAUCH zum Sambesi aufbrechen (MAGER, S. 46). *„Die Träger wollten mich schon nach einigen Tagemärschen plötzlich im Stich lassen, ich mußte mich daher zur Umkehr entschließen und bezog für einen weiteren Monat mein letztes Quartier...*

Später überredete ich wieder einige Leute, mir nach dem Sambesi zu folgen, wo ich jedem ein Gewehr als Bezahlung geben würde; das wirkte denn, und nach vielen Mühen und Strapazen vollendeten wir die Reise.“

Besondere Erlebnisse mit tierischer Reisebegleitung hatte unser Forscher im Jahre 1868 (MAGER 1889, S. 46):
„Um gegen alle Eventualitäten gesichert zu sein in Betreff der mich begleitenden vier Kaffern, d. h. im Falle, daß dieselben mich später im Stich lassen sollten, übermachte mir Herr Nachtigall das bedeutende und wertvolle Geschenk eines Packochsen, an dem ich versuchen sollte, ob er nicht durch verschiedene Mittel den Folgen des

Tsetse-Stiches würde widerstehen können. Als Gesellschafter für ihn erstand ich von Herrn Merensky einen Esel für die Summe von neun Pfund. Als Dritter im Bund gehört ein Hunde dazu. Langsam aber sicher gehen wir vorwärts; Mein Ochs, Esel und Hund sind ebenfalls noch fähig zu folgen. Doch habe ich nur noch drei Kaffern, deren Führer ein Muster von Dummheit ist, aber für vier Personen verzehrt...

Der Packochse hat sich als das unfähigste Lasttier für die lange Reise erwiesen. Schon während der ersten 14 Tage war er so hinderlich geworden, dass die durchschnittliche Strecke per Tag nur 5 Engl. Meilen betrug. Trotz aller Vorsorge magerte er bald ab, und die Folgen der zahllosen, Tag und Nacht erhaltenen Stiche der Tsetse-Fliege machten ihm vollends den Garaus. Ihr Gift besitzt die Eigenschaft, das Blut zu zersetzen, verhindert dadurch die Ernährung und erschlafft alle Muskeln. Eine schwache Tagereise südlich vom Limpopo sah ich mich genöthigt, den letzten Nutzen von ihm zu ziehen, d. h. ihn aufzuessen.

Der Hund starb aus Mangel an Fleischkost oder überhaupt Kost, nachdem ich ihn gegen die Tsetse mit Hilfe von Ammonia gesichert hatte, und die Eselin geriet bei Burmele am Bubye zwischen eine Truppe Zebras, aus der sie nicht wieder herauszubringen war.“

Sicher kann man diese Situation aus heutiger Sicht nur mit Humor betrachten. Ginge der Jeep einer modernen Expedition kaputt, na, dann kann man ihn jedenfalls nicht aufessen und hat gar nichts mehr von seinem Transportmittel.

Jagd vor hundertfünfunddreißig Jahren in Afrika, Notwendigkeit und Geschäft

Waffen dienten für Carl Mauch und seine Begleiter zur Sicherung des Lebensunterhaltes. Dabei war das Jagen nicht ungefährlich. Viele Jäger kamen ums Leben. Dank seines Mutes und seiner Geistesgegenwart hatte Mauch aber nie größere Schwierigkeiten beim Jagen. Sicher lag dies auch an seinem Können, das er den erfahrenen Jägern Hartley und Harmsen zu verdanken hatte.

Beim ersten Jagdzug mit dem Elefantenjäger Hartley wurden 91 (!) Elefanten und 80 Stück anderen Wildes, darunter zwei Giraffen, acht Elenantilopen, zwei Flußpferde, drei Büffel und fünf Nashörner erlegt. Die Elefanten lieferten über 2000 kg Elfenbein, was einem damaligen Wert von 1000 Pfund Sterling entsprach.

Mauch erkannte schnell, welche Gefahr diese Jagden für den Bestand an Tieren mit sich brachten (Mager 1893, S. 132):

Abb. 9: Elefantenherde im südlichen Afrika (Foto: G. KRÖBER, Erlangen)

„Wenn man bedenkt, daß Hunderte von Bauern jährlich mehrmals solche Frachten Wildfleisch holen, daß die Eingeborenen, seit sie sich meist heimlich Gewehre erworben haben, das Wild bis in seine verborgendsten Schlupfwinkel mit riesiger Ausdauer verfolgen, so darf man sich nicht wundern, daß der Reichtum des Jagdgebietes sich verringert und das unaufhörlich verfolgte Wild sich in die entlegendsten Gegenden zurückzieht und in gar nicht ferner Zeit Busch und Steppe ihres schönsten Schmuckes beraubt sein werden. Meinem so oft in den schönsten Hoffnungen enttäuschten Jäger (Hartley) schien es nicht mehr recht behagen zu wollen, er trat bald die Rückreise nach seiner Farm an und wählte den kürzeren Weg durch den anmutigen Buschwald über die granitische Höhe zwischen den Pilaansbergen und denen bei Ramakoko im Osten davon. Der Besuch beim Häuptling Ramakoko galt nichts anderem als Unterhandlungen der dienstbaren Geister wegen, die auf die Jagd mitgehen sollten."

MAUCH weiter: *„Von den früher zahllosen Scharen des Steppenwildes haben sich bedeutendere Reste nur noch in jenen Strichen erhalten, welche wegen ihrer Wasserarmut noch nicht zu Ansiedlungen tauglich befunden worden sind oder vom Jäger nicht allzu häufig besucht werden, die Zeit ist jedoch nicht mehr fern, wo auch diese Reste verschwunden sein werden, wenn nicht eine geordnete Jagd zu stande gebracht wird"* (MAGER 1893, S. 132).

War man beispielsweise bei einer Elefantenjagd erfolgreich, ging es an das Verarbeiten des Fleisches.

Da man sich kaum vorstellen kann, wie ein Fleischberg von den Ausmaßen eines Elefanten bei tropischen Temperaturen und ohne technische Hilfsmittel verarbeitet werden kann, soll dies im folgenden erwähnt werden. Der Bericht stammt von Eingeborenen, die 1860 mit Livingstone unterwegs waren (MAGER 1893, S. 133–134):
„Das Zerlegen eines Elefanten ist ein Schauspiel, das durchaus einzig in seiner Art bleibt. Die Leute stehen da in Totenstille um das Tier, während der Führer der reisenden Gesellschaft erklärt, daß nach altem Recht der Kopf und das rechte Hinterbein dem gehören, der das Tier erlegte, d. h. demjenigen, der ihm die erste Wunde, sodann das linke Hinterbein dem, der die zweite Wunde beibrachte oder das Tier, nachdem es gefallen, zuerst berührte, das Fleisch um das Auge herum dem Führer der Gesellschaft, und verschiedenen Teile den Vorstehern der verschiedenen Feuer oder Gruppen, aus welchen das Lager zusammengesetzt ist, wobei er nicht vergißt, die Aufbewahrung des Fettes und der Eingeweide für eine zweite Verteilung einzuschärfen.

Nach dieser Rede beherrschen die Eingeborenen ihre Aufregung nicht länger, sie erheben ein wildes Geschrei, indem sie mit einer Menge von Speeren, deren lange Schäfte über ihren Köpfen in der Luft zittern, am Leichnam herumschneiden. Ihre Aufregung wächst mit jedem Augenblick und erreicht ihren Höhepunkt, wenn die ganze Masse sich schön auseinanderlegt, was durch ein Brausen von Gas angedeutet wird. Einige springen hinein und wälzen sich vor Begierde nach dem schönen Fett, während andere laut schreiend mit Stücken des blutigen Fleisches fortlaufen, es ins Gras werfen und forteilen, um noch mehr zu holen. Alle schwatzen und schreien fortwährend, so laut sie nur können. Bisweilen ergreifen zwei oder drei, ohne sich um die Gesetze zu kümmern, ein und dasselbe Stück Fleisch und kämpfen darum in lebhaftem Wortkampf. Dann und wann erhebt sich ein mörderisches Geschrei: ein Eingeborener taucht aus der beweglichen Masse des toten Elefanten und der durcheinander tobenden Menschen hervor mit übel zerschnittener Hand, die sein Nachbar und Freund eben mit dem Speere bearbeitete; um böses Blut zu verhindern, sind für ihn ein Lappen und einige besänftigende Worte nötig. In unglaublich kurzer Zeit sind die Tonnen Fleisch – beim afrikanischen Elefanten steigt das Gewicht bis zu 6 000 kg – zerschnitten und ringsum auf besondere Haufen niedergelegt.

Den Vorderfuß des Tieres kochten wir für uns auf einheimische Art. Es wurde ein großes Loch in den Boden gegraben und darin ein Feuer angezündet; als das Innere des Loches durch und durch erhitzt war, wurde der ganze Fuß hineingelegt und mit heißer Asche und Erde überdeckt. Über das Ganze wurde ein zweites Feuer gemacht und die ganze Nacht brennend gehalten. Nächsten Morgen bekamen wir den so gekochten Fuß zum Frühstück und fanden ihn köstlich. Es ist ein weißliches Fleisch, schwach gallertartig und süß wie Mark.

Nach einer Mahlzeit von Elefantenfuß ist ein langer Marsch eine Vorsichtsmaßregel, um Gallenfieber zu vermeiden.

Rüssel und Zunge des Elefanten sind ebenfalls gut und gleichen nach langem, gelinden Kochen sehr dem Rücken eines Büffels und der Zunge eines Ochsen; alles übrige Fleisch ist zäh und läßt sich wegen seines eigentümlichen Geschmacks nur essen, wenn man sehr hungrig ist.

Was unsere Leute für Mengen verschlingen, ist ganz unglaublich. Sie kochen, so viel nur ihre Töpfe fassen und essen so lange, bis es für sie unmöglich wird, noch etwas hineinzubringen. Dann folgt ein tobender, von lautem Gesang begleiteter Tanz, und sobald sie ihr erstes Gericht hinuntergeschüttelt und den Staub und Schweiß des Nachspiels abgewaschen haben, fangen sie wieder an zu braten; darauf kommt ein kurzer Schlaf, bald sind sie wieder auf und abermals beim Fleische, und so geht das Kochen und Essen, Braten und Verschlingen die ganze Nacht hindurch mit wenig Unterbrechung.“

Unsere heutigen Grillfeten haben mit dem geschilderten Ritual schon Ähnlichkeiten - bis auf den Tanz - vielleicht sollte man das mal ausprobieren?

Die Eingeborenen aßen vor hundert Jahren das Fleisch auf der Jagd auch roh oder brieten es auf glühenden Kohlen. Vorrat durch Trocknen schufen nur die weißen Jäger und Reisenden.

Sollte der Leser einmal in die Verlegenheit kommen, hier noch einige Tips nach Mager (1893, S. 135) zum Geschmack der verschiedensten Tierarten.

Am schlechtesten schmeckt das Fleisch katzenartiger Tiere. Löwenfleisch, hart und sehnig, hat solch durchdringenden Geruch, daß es in der Regel nicht einmal von Hunden gefressen wird. Gleiches trifft für das Fleisch des Gnus zu. Vom Nilpferd schmecken Zunge und Speck, letzterer wird sogar dem Schweinefett vorgezogen. Das Fleisch der Affen ist nicht übel, nur etwas trocken. Außerdem ist es nicht jedermannes Sache, beim Grillen eines Affen mitzumachen, welcher auf dem Spieß aussieht wie ein Mensch.

Krokodilfleisch, in Schichten gelagert, bietet einen sehr appetitlichen Anblick. Einfach in Wasser gekocht hat es den Geschmack

Abb. 10: Große Randstufe im Hinterland von Durban, im damaligen Natal (Foto: B. WIESE, Köln)

von guten, frischen Stockfischen, meint ein Reisender. Ein anderer sieht das ganz anders: Nichts kann ekelhafter sein, als Krokodilfleisch. Der vereinigte Geschmack von schlechtem Fisch, faulem Fleisch und Moschus ist nicht auszuhalten. Das Fleisch des Zebra schmeckt gebraten vorzüglich. Dasjenige von Straußen ist minder gut, dürr und trocken, was aber auch von der Art der Zubereitung abhängen kann. Man brät die Flügel einfach unter der Asche. Giraffenfleisch gilt als sehr wohlschmeckend. Am beliebtesten ist das Fleisch von Antilopen und Büffeln.

Na, haben Sie Appetit bekommen? Fehlt noch etwas in der afrikanischen Speisekarte? Ja, natürlich die Schlangen. Nur Eingeborene essen sie, und ihr Fleisch soll wie Aal schmecken.

Zum Schluß gibt es Eier, die vom Vogel Strauß beispielsweise. Ein Straußenei entspricht 25 bis 30 Hühnereiern, das wird ein ganz schönes Omelett und soll wie Hühnerei schmecken.

So gestärkt können wir uns weiter mit CARL MAUCH durch das südliche Afrika wagen.

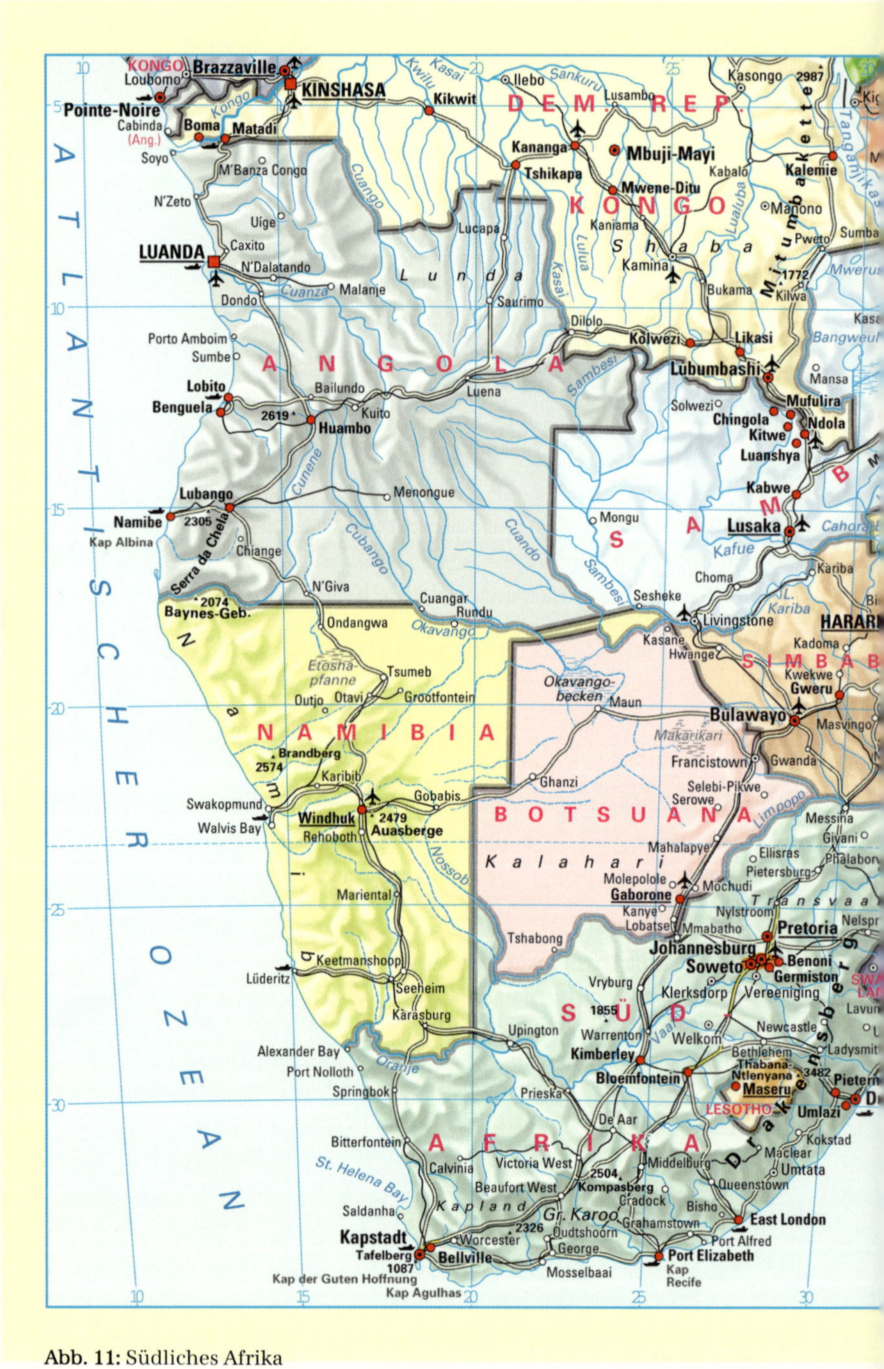

Abb. 11: Südliches Afrika

Südliches Afrika

Carl Mauch auf afrikanischem Boden

Schaut man sich die einzelnen Reiserouten MAUCHS auf der Karte an, dann entsteht hier und da der Eindruck eines ziemlich unkoordinierten Hin- und Herreisens. Dabei ist allerdings zu bedenken, daß MAUCH weitestgehend bis dahin unkartierte und nur den Eingeborenen bekannte Gebiete besuchte.

Im folgenden Kapitel soll versucht werden, ein Überblick über seine Reisen zu geben. Um diesen lesbar zu halten, werden die in den Tagebüchern enthaltenen Ortsbestimmungen und detaillierten geologischen Beschreibungen kurz gefaßt.

Landung in Durban

Als CARL MAUCH nach einer 75tägigen Fahrt auf einem Dreimastschoner in den Hafen von Durban einlief, hätte dieser beinahe Schiffbruch erlitten. Trotz dieser Schwierigkeit kam er dann am 15. Januar 1865 doch noch am ersten Ziel seiner Wünsche an.

Was ihn dort damals, vor hundertfünfunddreißig Jahren, erwartete, soll er uns selbst beschreiben:

„Vom Landeplatz aus begab ich mich an den wenigen, zu Hafenzwecken aufgeführten Gebäuden vorbei über die Strasse, wenn ich die von Baum und Busch entblössten Durchhaue mit diesem Namen bezeichnen darf. Einzudringen in das Dickicht selbst, war eine Unmöglichkeit und enge Schlüpfe führten meist bald zu einem Kafferndörfchen oder einer Bananenpflanzung. Solche Eingänge waren gewöhnlich durch auffallend grosse Exemplare baumartiger Euphorbien bezeichnet. Das Auge weidet sich an der Pracht der Blüthen und den fremdartigen Gestalten. Wenn nun aber auch dem Auge voller Genuss wurde, dem Ohre ward durchaus kein Schmaus bereitet in dem durchdringenden, das Trommelfell erschütterten Zirpen der grossen dunkelgefärbten Cicaden oder in dem lästigen monotonen Geschrei der kleinen grünen Papageien, welche pärchenweise oder in Familien die höheren Bäume in grossen Kreisen umflogen. Nach etwa einer Stunde erreichte ich einen Eisenbahnübergang, ein Zeichen weit fortgeschrittener Civilisation; noch eine kurze Strecke und ich befand mich in der Hauptstraße des Hafenortes D'Urban, nicht wenig überrascht, solch stattliches Gebäude zu sehen. Ich verfolgte meine Weg weiter durch das Städtchen, zunächst am gut im Stande erhaltenen Stadtpark vorüber, an dessen Ecke ein Gedenkstein, eine Fontaine mit Bassin darstellend, angebracht ist, mit der Aufschrift: ‚Wasser ist das Be-

Abb. 12: Küste bei Knysa am Indischen Ozean (Quelle: WANGEMANN 1868)

ste'. Bei der ersten Häuserreihe fiel mir zunächst eins auf, das mit der Aufschrift: Aude, vide, tace, (wage, sehe und schweige) in grossen Buchstaben versehen war. Diese Regel, die mir schon beim erstmaligen Betreten afrikanischen Bodens so dringend anempfohlen wird, muss ich beherzigen, dachte ich bei mir selbst und schritt weiter. Ich begnügte mich für diesmal mit dem nur flüchtigen Beschauen des Städtchens und seiner geschäftigen Bewohner und gelangte bald wieder ins Freie. Mich unmittelbar am Rande der Bai halten, wo bald die Fluth den Boden bedeckt, bald die Ebbe ihn blosslegt, wo dichte Mangrove-Büsche eine anwidernde Malaria aushauchen, wollte ich für den ersten Tag noch vermeiden. Bald hatte ich einen Bach zu passiren, den ich, weil weder Brücke noch Fusssteig vorhanden war, barfuss zu durchwaten hatte. Jenseits desselben lockten mich eine grosse Anpflanzung von Zuckerrohr und das Geräusch einer Zuckermühle zu einigem Aufenthalt.

Nochmals setzte ich meinen Spaziergang fort, und zwar versuchend, an dem Ufer der Bai zu bleiben; ich geriet nach und nach in dichteres Gebüsch und zuletzt in förmlichen Urwald, worin mir aber weiteres Vordringen unmöglich gemacht wurde durch sumpfigen Boden und ein Flüsschen von heimtückischem Aussehen. Ich befand mich an einer recht unheimlichen Stelle. Die hohen Bäume waren mit ihren dunkel belaubten Kronen so ineinander gewachsen, dass sie nur wenigen Sonnenstrahlen einen Durchgang erlaub-

Abb. 13: Zuckerrohrplantage im südlichen Afrika (Foto: B. WIESE, Köln)

ten, also ein gewisses Düster herrschte; auch das kleinste Geräusch konnte deutlich vernommen werden. Offen gestanden, eine Gefühl von Furcht bemächtigte sich meiner. Ich fühlte mich so ganz verlassen inmitten der mich umgebenden fremdartigen Natur, in jeder breitblättrigen Sumpfpflanze oder in jedem dichten Busche glaubte ich, ein Versteck eines mir feindlichen Thieres sehen zu müssen; jeden sich bewegenden Gegenstand deutete ich als einen demnächst erfolgenden Angriff auf mich; in jedem längeren Holzstückchen, durch Flechten bunt gefärbt, sah ich ein giftiges Gewürm; das kaum zu vernehmende Geräusch eines an der Oberfläche des Wassers platzenden Luftbläschens schlug unheimlich an mein Ohr; beim Fallen eines dürren Zweigchens oder Rindenstückchens in eine Pfütze hinter meinem Rücken fuhr ich zusammen; das Herabrollen eines Steines vom nahen Abhang nahm ich für die Folge unsicheren Auftretens einer größeren Schleichkatze, kurz Alles trug dazu bei, das Gefühl der Bangigkeit in mir zu vermehren, und dennoch hielt mich's unwiderstehlich fest.

Ein fernes Rollen des Donners veranlasste mich endlich, an den Rückweg zu denken. Ich verliess die unheimliche Stätte und eilte, das Schiff wieder zu erreichen, bevor es Abend würde. Kaum angekommen, brach denn auch bald das angekündigte Gewitter über der Gegend los; grell gelbe Blitze, die oft mehrmals den Weg von der Wolke zur Erde nieder und wieder zurückmachten, andere, die sich in mehrere Strahlen theilten, wieder andere, die das ganze Firmament in rothem Lichte zeigten, folgten sich unaufhörlich, schrecklich harte Schläge übertönten den beständig rollenden Donner und ein gewaltiger Regen strömte hernieder, als ob ein Wolkenbruch sich einstellen wollte; es war ein echt tropisches Gewitter und hielt mehrere Stunden an, aber darauf glänzte der südliche Himmel mit seinen prächtigen Sternbildern."

Afrika hatte in gebührender Weise seinen Gast aus dem Schwabenland begrüßt!

Erste Erfahrungen

Seit März 1866 hielt sich, wie ein Brief dokumentiert, CARL MAUCH in Potschefstroom auf. Leider haben sich aus dieser Zeit weder Tagebücher noch Skizzen erhalten. Einige Angaben finden sich lediglich in einer Veröffentlichung von MAUCH im Ergänzungsheft 37 zu den Geographischen Mitteilungen. Dort faßte MAUCH nach seiner Rückkehr die Ergebnisse seiner Reisen zusammen.

Nach dem Begrüßungsgewitter folgte MAUCHS zweiter Tag in Afrika. Er begann für ihn mit der bangen Frage, wie soll ich meinen Lebensunterhalt und meine Forschungen finanzieren? Doch der nächste Gedanke tröstete ihn wieder. Durch den Zwang, mit der Bevölkerung in Kontakt zu treten, irgend einem Bauern mitzuhelfen, würde er Land und Leute besser kennenlernen.

CARL MAUCH machte sich zunächst auf den Weg zu einer Siedlung zweier Deutscher. In seiner humorvollen und manchmal auch etwas spitzen Art beschreibt er seinen Eindruck vom ersten Haus (S. 3): „*Von einem lebendigen Zaune aus Granatäpfeln-Gesträuchen, der aber häufige Lücken zeigt, ist ein bedeutendes Grundstück eingeschlossen, worin jedoch nur Unkraut prachtvoll wuchert; ein grosses, aber baufälliges Haus, umgeben von einer niedrigen Veranda, wurde mir als das Domicil des erfragten Herrn bezeichnet. Ich konnte kaum den Eingang dazu finden, auch boten die Fenster den Beweis, dass es dem Bewohner um viel frische Luft zu thun war, denn die meisten Scheiben fehlten.*"

Der Deutsche hatte den Fremdling erspäht und lud ihn ein, hereinzukommen. Es mußte sich um einen Junggesellen „*reinsten Wassers*" handeln, denn alles war voller Unordnung. Der Mann sammelte Insekten und Gesteinsproben und verkaufte sie wieder. Davon bestritt er seinen spärlichen Lebensunterhalt.

Am kommenden Tag schlug ihm MAUCH Zusammenarbeit vor. Doch der kranke Mann lehnte entsetzt ab. MAUCHS Kommentar: *„Armer Insektenmann, Du bist herzlich zu bedauern; hättest Du Dir eine Gehülfin fürs Leben gesucht und, anstatt Dein Haus zur Insektenfalle und Ungeziefer-Herberge werden zu lassen und darin zu verdumpfen, Dich mit Menschen, Deiner ebenbürtigen Wesen, abgegeben, Du brauchst Dich nicht auf solch elende Weise fortzubringen, Du hättest nach Deinem Tode noch Zeit genug, Spiritualist und Pessimist zu sein!"*

Der zweite Deutsche in dieser Siedlung lebte nur zehn Minuten entfernt. Wie sich herausstellte war er Pastor und Missionar. Er hörte sich die Sorgen seines Landsmannes an, gab ihm zu essen und schrieb ihm einen Empfehlungsbrief an einen Herrn in Pietermaritzburg, damals Hauptstadt der Kolonie Natal.

Erste Hilfe durch Empfehlungsschreiben

Die Entfernung nach Pietermaritzburg betrug etwa 80 km, MAUCH legte sie zu Fuß in zwei Tagen zurück. Er übergab dem Adressaten dieses Empfehlungsschreiben und eines von AUGUST PETERMANN dazu. Das hatte Erfolg! Er fand hier Aufnahme und Beschäftigung, nach drei Wochen, also endlich ein guter Anfang. Das war zu Beginn des Februars 1865. CARL MAUCH machte sich mit der Familie bekannt und erkundete mit einem Spaziergang die Umgebung. Nach 10 Wochen kam der Bruder des Gastgebers, und MAUCH erzählte von seinen Plänen.

Schließlich bot der Bruder an, MAUCH solle ihn auf seiner Rückfahrt in die Transvaal-Republik begleiten und später bei ihm wohnen, um dann ungestört seine Pläne verwirklichen zu können. Am 27. April 1865 zog der Troß gen Norden. Sein neuer Gönner war nach Pietermaritzburg gekommen, um allerlei Waren einzukaufen. Der Troß bestand aus zwei Zeltwagen und einem Bockwagen zur Lastenbeförderung. Letzterer hatte eine Tragfähigkeit von drei Tonnen. Die beiden Zeltwagen wurden von je 12, der Transportwagen von 16 großen Ochsen gezogen. Jeder Wagen benötigt noch zwei Leute zur Bedienung. Einer war der Treiber, der in der Regel auch die Stelle des Koches besetzte, und der zweite hatte die Funktion als „Vorläufer". Er prüft die Straßenqualität vor dem Zug und sammelte nebenbei noch Brennholz, trug Wasser heran und hütete die Zugochsen.

Fahrt im afrikanischen Zeltwagen

Mauch beschreibt seine Eindrücke, wie er das erste Mal einen afrikanischen Zeltwagen bestieg, *folgendermaßen:*
„Wenn man den langen Zug von Ochsen vor sich sieht und nur langsam, 3 Engl. Meilen per Stunde, fortbewegt wird; auf ebenem Wege gewöhnt man sich bald daran, geht es aber einen steilen Berg hinan auf einem Pfade, der durch heftige Regen breite und tief ausgewaschene Gleise erhalten hat, in denen wiederum große Geröllstücke liegen, so geht man lieber zu Fuß voraus und beschäftigt sich damit, die grösseren steinigen Hindernisse wegzuräumen. Man wird unangenehm berührt, wenn man sieht und hört, wie die armen Thiere gepeitscht werden, wie sie keuchen und mit gekrümmtem Rücken alle ihre Kräfte aufbieten müssen, um die schwere Last wieder einige 50 Schritt weiter zu bringen. Beständig werden ihnen ihre Namen, wie Witboy, Blauberg, Steuermann u. dgl., zugerufen und den Rufen mittels sicher treffender, schmerzhafter Peitschenhiebe Nachdruck verliehen. Welcher Anblick für die empfindelnden Antithierquäler! Sie würden ohne Zweifel hingerissen werden, für den Bau von Schienenwegen mächtige Fürsprache einzulegen. Auch ich wurde mitleidig gestimmt, fügte mich aber bald ins Unvermeidliche, ähnlich dem Soldaten, der nur die ersten Donner der Geschütze fürchtet, bald aber im Getöse der Schlacht gleichgültig wird. In den 2 ½ Stunden steilen Ansteigens des Townhill (Stadtberges) gleich hinter Maritzburg hatte ich bereits einsehen gelernt, dass die Fahrt ohne die obligaten Prügel mit Peitsche und Sambok (einer kurzen Peitsche aus Rhinoceros- oder Nilpferdhaut) nicht vollführt werden könnte, und als ich auf der erreichten Terrasse nach dem Ausspannen der Zugthiere bemerkte, dass diese bereits munter ans vergilbte Gras sich machten und die Schmerzen vergessen hatten, stählte ich mein Inneres gegen die sich aufdrängenden Gefühle des Mitleids.

Während es sich nun die Gehörnten schmecken liessen, wurde von den schwarzen Dienern, welche alle des Afrikanisch-Holländischen leidlich mächtig waren, Anstalten getroffen, ein kleines Mahl für den „Baas“ oder Herrn des Zuges und für mich herzurichten. Das von der Stadt mitgebrachte Brennholz wurde zerkleinert, ein Büschelchen trockenen Grases mit der Hand zerrieben, damit es umso leichter Feuer fange, aber die Streichhölzchen wollten des starken Windes wegen nicht brennen, daher nahm der Treiber, ein leidenschaftlicher Raucher und mit Feuerzeug versehen, seine Zunderdose aus der Tasche, schlug Feuer mit Stahl und Stein, brachte den glimmenden Baumwollstoff dem Grasbüschelchen

Abb. 14: Die „Rollenden Hügel" von Natal, Aquarell aus MAUCHS Skizzenbüchern ... (Quelle: Hauptstaatsarchiv Stuttgart)

nahe und der Wind that das Seine, so dass in auffallend kurzer Zeit ein bescheidenes Feuerchen brannte.

Drei grosse Steine werden anstatt eines Dreifusses um das Feuer gestellt und darüber der gusseiserne Kaffeekessel placirt, nachdem man ihn mit Wasser aus der Blechkanne, die einst zum Versenden von Lein- oder Paraffinöl benutzt worden war, angefüllt hatte. Sobald das Wasser sprudelte, werden nun nach Belieben oder im Verhältniss des noch vorhandenen Vorrathes zur Dauer der Reise mehr oder weniger Löffel voll Kaffeemehl zugesetzt, das plötzlich drohende Überlaufen durch Zugiessen etwas kalten Wassers verhindert, durch Umrühren das Mehl mit der heissen Flüssigkeit gehörig gemengt und wenige Minuten darauf, während welcher die Mehltheile zu Boden fallen, ist der Kaffee ‚klar', d. i. zum Trinken geeignet. Versüsst mit etwas gelbem krystallinischen, in Natal selbst producirtem Zucker und begleitet von schmackhaften ‚Biscoten', welche von der Hausfrau eigens für den Zweck einer längeren Reise bereitet worden sind, lernt man diesen Kaffee ohne Milch bald schätzen. Wie in Australien der Thee, so ist in Süd-Afrika der Kaffee zum Hauptgetränk geworden. Zur zweiten Tasse ein Pfeifchen Tabak geraucht, ist durchaus nicht zu verachten.

Nun wird, wenn Eile nicht besonders Noth thut, der Dienerschaft noch einige Zeit gegönnt, um ihr indessen bereitetes Früh-

Abb. 15: ... und in einem anderen zeitgenössischen Stich
(Quelle: WANGEMANN 1868)

stück aus Mais oder Hirse, in Wasser angekocht, oder aus Mehlkleister zu verzehren, sich an dem Reste des Kaffeewassers zu laben, wobei ihnen der Deckel des Kaffeekessels als Tasse dienen muss, die gebrauchten Geschirre zu reinigen und an ihrem bestimmten Ort im Wagen zu bergen. Dann ertönt auch der Befehl zum Wiedereinspannen. Noch mit einem Theile des Frühstücks im Zipfel des Umschlagetuches oder -felles begiebt sich der Vorläufer an die Stelle, wo die Zugthiere weiden, treibt mittelst Stockes oder Samboks die zu jedem Wagen gehörigen Ochsen aus der ganzen Gruppe heraus und bringt sie an ihren Wagen, wo sie bereits der Treiber mit den langen Fangriemen erwartet. Jedes Thier erhält eine Riemenschlaufe um die Hörner und dann werden sie in die paarweise Ordnung gestellt, wie man sie ins gemeinsame Joch spannen und ziehen lassen will. Die besten, lenksamsten und willigsten sind die ‚Vorochsen', die stärksten die ‚Achterochsen' an der Deichsel. Ähnlich wird mit den anderen Wagen verfahren und wenn Alles bereit ist, der ‚Baas' seinen Sitz auf dem vordersten Wagen bestiegen hat, geht es wieder weiter."

MAUCHS Reise mit dem Ochsenwagen ging nach Rustenburg. Er hatte Bekanntschaften mit den Reisebegleitern geschlossen und interessierte sich besonders für die ihm neue Landschaft. Dabei empfand er gewiß keine Langeweile und schwelgte in Eindrücken:

„Natal bietet allerdings von seiner Küste bis zum Orangefluss-Freistaat sehr viel Stoff zur Besprechung, so dass Einem die 6 bis 8 Tage, die bis zur Passhöhe von 5200 Fuss erforderlich sind, rasch verschwinden. Der immer mehr ansteigende Boden, vielfach tief durchfurcht von den Küstenflüssen; die auf jeder neuen Höhe sich darbietende ausgedehntere Fernsicht dem Meere zu; der Anblick der steil abfallenden Mauer der Drakensgebirgskette mit ihren zerrissenen dunklen Klüften landeinwärts; der grosse Wasserfall des Umgeni-Flusses, den man, falls man es nicht vorzieht, die ½ Stunde oberhalb errichtete Brücke zu benutzen, nur wenige Fuss von dem nahezu 300 Fuß betragenden senkrechten Absturz zu passiren hat; der breite, wenn etwas angeschwollen, auch tückische Tukela; Gehölze oder auch dichte Waldpartien der Klüfte aus verschiedenen nutzbaren baumartigen Akazien, welche oft grosse Strecken überziehen, aber so licht stehen, als seien sie wie unsere Obstbäume gepflanzt worden; selbst die kahlen, baum- und buschlosen Weiden bieten eben ihrer hügeligen Beschaffenheit wegen immer noch Vieles von Interesse; Gruppen von reinlichen Häusern, umgeben von künstlichen Anpflanzungen einheimischer und fremdländischer Gewächse, worunter die hochstrebenden Eucalypten aus Australien eine Hauptrolle spielen; die Gesteine, welche sich in ihrer horizontalen Lagerung von den metamorphischen Schichten auf halbem Wege zwischen der See und Maritzburg bis zur mächtigen Basaltdecke über dem dick geschichteten Kohlensandsteine der Kathlamba-Kette verfolgen lassen; die kolossalen Trümmerhaufen am Fusse der Berge, welche die Bestandtheile der erwähnten Bergkette deutlich erkennen lassen und in Folge heftiger Regengüsse häufig ihre Lage ändern und weiter der Tiefe zurollen, – alle diese Dinge geben der Kolonie Natal ihre besonderen Reize.

Hat man aber einmal die Passhöhe und bald darauf das freistaatliche Dörfchen Harrismith erreicht, so fühlt man sich geneigt, das Land vor sich eine Einöde zu nennen.

Wohl hebt sich die durchbrochene Kette der Witten (Weißen) Berge über dem südlichen Horizont ab, wohl können noch einige eigenthümlich tafelförmige oder spitze Kuppen im Osten, Nordosten und Norden als weithin sichtbare Landmarken dienen, im Allgemeinen aber hat man nur eine flache wellenförmige Ebene vor sich, allen Baumwuchses bar; in endlose Ferne schweift der Blick, ohne irgend welches Objekt, bei dem er gern einige Ruhe gewinnen möchte, zu entdecken. Der Naturfreund und Jäger jedoch finden bald, dass ihnen Genüsse bevorstehen, welche nirgendwo in ähnlicher Weise sich darbieten. Die ungeheuren Schaaren verschiedener Antilopen, die entweder in grösserer Entfernung grasen oder

Abb. 16: Winterliche Einöde im südafrikanischen Hochland (Foto: B. WIESE, Köln)

spielen, oder in nächster Nähe in eiligster Flucht, ventre á terre, gegen den Wind rennen, in gewaltigen Sätzen den befahrenen Weg überspringen, das flache Thälchen durchschneiden und die niedrige Anhöhe, mit einem Kavallerie-Angriff zu vergleichen, zu gewinnen suchen, das ist allerdings ein herrlicher Anblick, welcher nur dem südlichen Afrika in solchem Maasstabe eigenthümlich ist und Jeden staunen macht. Damit muss sich freilich der zum Vergnügen Reisende zufrieden geben, der Sportsmann aber wird sich zu Pferde setzen und mitten unter den flüchtigen dahin fliegen, eine wilde, verwegene Jagd, verwegen, weil die massenhaften halbkugeligen, fast im Grase verborgenen Höhlungen die grösste Vorsicht erheischen. Der Naturfreund wird sich nicht gern weit von seinem Wagen entfernen, denn nur selten bietet ihm eine schroffere Halde oder sonst ein eigenthümliches Objekt Veranlassung zu genauerer Untersuchung, und noch weniger dürfte er es lieben, die

Prüfung seines Ortssinnes nach einmaligem misslungenen Bestreben, den Stand seines Wagens aufzufinden, mehrmals zu bestehen, denn die Schwierigkeit, sich in den einander äusserst ähnlichen Erhebungen und Bachbetten zu orientiren und zurecht zu finden, ist keine unbedeutende und eine in diesen Einöden unter freiem Himmel zugebrachte Nacht, ohne Schutz gegen Kälte, Wind und Regen, wird als heilsame Lehre dienen.“

Dieser Feststellung eines in der Regel einsamen Wanderers kann man nur zustimmen. CARL MAUCH hat wohl alle Höhen und Tiefen afrikanischen Lebens fern ab der Zivilisation kennengelernt. An manchen Stellen seiner Berichte kommt dennoch das Gefühl des Behagens zum Vorschein. Eines Behagens in der an sich recht menschenfeindlichen Welt. Mit der zweiten Tasse ein Pfeifchen zu rauchen, da spricht ja auch der Genießer MAUCH zu uns.

Welche Schwierigkeiten damals die Überwindung eines Flusses bringen konnte, zeigt der folgende Bericht:

„Die sehr häufigen Quellen verbreitern sich zu sumpfartigen Stellen, einzelne kleinere Bäche haben ein tiefes steilbankiges Rinnsal, beim geringen Abfluss des Wassers mit schwarzem Schlamm erfüllt, und selbst auf den Rücken der flachen Ränder trifft sich nicht selten sogenannter „falscher Boden“, worin die Zugthiere bis zum Bauche, die Wagen bis zur Nabe der Räder und noch tiefer einsinken. Mit Bangigkeit passirt er [der Reisende - der Verf.] solche Stellen und stößt Dankesseufzer aus, wenn er der Gefahr des ‚Festfallens‘ glücklich entronnen ist. Wie oft kommt es aber vor, dass die Zugthiere unfähig sind, den schwer beladenen Wagen durch den Sumpf hindurch wieder aufs Trockene zu ziehen! Es geschah diess bei dieser ersten Reise landeinwärts mehrmals; die Versuche, alle drei Gespanne an einem Wagen zugleich ziehen zu lassen, schlugen fehl und nicht eher war aus dem schwarzen halbtrockenen Schlamme herauszukommen, als bis ein grosser Theil der Belastung abgeladen und übertragen worden war. Die grösste Gefahr erwächst jedoch, wenn ein durch heftige Regen angeschwollener Fluss, wie z. B. der Vaal-Fluss, passirt werden muss. An Brücken über grössere Flüsse ist in jenen Ländern noch lange nicht zu denken, da selbst kleinere, aber tiefe Bäche selten für den Fussgänger überbrückt werden. Mit welcher Aufmerksamkeit überwacht man den Stand des Wassers bei der Ankunft am Ufer, ob er höher oder niedriger werde! Wie ängstlich befragt man die Wolkenmassen, welche in jener Gegend sich zeigen, woher der Fluss kommt! Man weiss, dass man oft ganze Wochen lang in grösster Unthätigkeit vor dem Flusse zu liegen hat. Mit welcher Zaghaftigkeit macht man sich endlich daran, das Wagnis zu unter-

nehmen! Alle zum Zug nothwendigen Utensilien werden auf ihre Haltbarkeit geprüft, die oftmals in Krümmung verlaufende Furth untersucht, mit grösster Sorgfalt endlich eingespannt. Zögernd bewegen sich die Zugthiere, vom Vorläufer am langen Leitriemen geführt, auf das Wort ‚treck" (zieht!) des ‚Baas', nur ungern gehen sie über die kleine, aber doch steile Uferbank hinab ins Wasser und mit gewaltigem Ruck folgt sodann der Wagen so dass die hinteren Thiere zwischen die vorderen gestossen werden; nur langsam schreiten die Ochsen auf dem losen Gerölle des Bettes aus, dann und wann der eine stolpernd, ausgleitend oder fallend; eben so langsam und stossweis folgt der schwerfällige Wagen, bald ein Vorderrad in der Höhe mit dem entgegengesetzten Hinterrad ebenfalls erhoben und umgekehrt; der Fahrende wird bald rechts, bald links, bald vor-, bald rückwärts geworfen und bedarf aller Vorsicht, um nicht ein unfreiwilliges Bad mit den Kleidern am Leibe nehmen zu müssen. Die 200 Schritt der Flußbreite scheinen zum Doppelten angewachsen, noch ist das Wasser so tief, dass es über die Bodenplanke im Innern des Wagens dringt und einen Theil der Ladung durchnässt; durch unaufhörliches Peitschen und Schreien wird zu grösserer Eile angetrieben, bis endlich der Auffahrtspunkt am jenseitigen Ufer erreicht ist und man auf trockener Stelle wieder Halt macht, um von der ungewöhnlichen Anstrengung auszuruhen und die übrigen Wagen ebenfalls durchzubringen.

Nicht immer läuft es jedoch so glücklich ab, es darf nur der Vorläufer die Richtung der Furth etwas verfehlen und in tieferes reissenderes Wasser gerathen, in der Sorge für seine eigene Rettung lässt er den Leitriemen los, die Thiere sind sich selbst überlassen, fühlen ebenfalls die grössere Tiefe, kehren um und kommen auf die übrigen in einer Weise zurück, als ob sie nicht an einer gemeinschaftlichen Zugleine befestigt wären, sie bringen Unordnung ins Ganze, so dass man wohl das Äusserste, nämlich das Umfallen des Wagens, befürchten darf, besonders wenn der Treiber selbst wasserscheu ist und es nicht vermag, die Ordnung wieder herzustellen. Hülfe von der nächsten Farm ist nicht zu erwarten, man ist total sich selbst überlassen und muss sich mit dem Troste zufrieden geben, dass nicht Alles verloren ist. Im Winter jener Gegenden, d. i. in der trockenen Jahreszeit, wo die Flüsse niedrig und ihr Wasser ziemlich hell ist, bieten solche Übergänge nur selten Schwierigkeiten dar."

Abb. 17 (folgende Seiten): Karte das Kaplands (1885) im Maßstab 1 : 1 500 000 (Quelle: Stieler's Hand-Atlas, Karte No. 72)

20 Östl. Länge von Paris 22 24
40 Östl. Länge von Ferro 42 44
Leschulatebe's Stadt
Ngami See
Omdraai
BUSCHMÄNNER
KHAMAS REICH
Tschapo's Stadt
Orapa
Lotlakani
Makokonyani
Tsetse Fliege
Anderson Vley
Mugubo Magulo
Mosenye Br.
Lomani
Schoschong
BAMANGWATO
Sablai
des Steinbocks
Balala Kraal
Wüste od. Karri-Karri
Loubli Pits
wandernden Buschmännern und Betschuanen
Tschuane Pits
Mohinqua Berge
BANGWAKETSI
Gasutsive's Residenz
Molopolole
SITSCHELIS L.
BAROLONG
Dowley Salz Pfanne
Kokahu Pits
BANGWAKETSI
Molopo
Kuis
Kuruman
WEST-BETSCHUANEN OD. BAKALAHARI
MARICO
Land Goschen
Bakaris
Desert Station
Rayena St.
Sand Station
Alt-Lattaku
Stella Land
Kuruman
BLOEMHOF
ORANJE-
BARKLEY
GRIQUA LAND WEST
HAY DIVISION
Griqua Town
KIMBERLEY
FREISTAAT
BLOEMFONTEIN
HOPE TOWN
FAURESMITH
SMITHFIELD
COLESBERG
FRASERSBURG
BUSCHMANNER OD. SAAN

STIELER'S HAND-ATLAS No. 72.
REICH
BAHLOERWA
MAKWABA
BANYAI
UMZILA'S
REICH
Limpopo
ZOUTPANSBURG
Inhametanga See
AMATONGA
TRANSVAAL REPUBLIK
LYDENBURG
PRETORIA
MIDDELBURG
HEIDELBERG
STANDERTON
WAKKERSTROOM
SWASI LAND
Delagoa Bai
UTRECHT
SULU LAND
St. Lucia See
St. Lucia Bai
NEWCASTLE
KLIP RIVER
NATAL
D'Urban
PORT NATAL
BASUTO LAND

An der Grenze zu Transvaal

Am Vaal-Fluß angekommen, war die Grenze zwischen dem Oranje-Freistaat und der Republik Transvaal erreicht. Der Charakter des Landes hat sich nur unwesentlich verändert, er ist etwas hügeliger, aber gleich arm an Bäumen und es war auch hier schwierig, sich zu orientieren.

MAUCH teilt uns dazu in seinem Tagebuch folgendes mit: *„Einige Stunden nach Verlassen des Vaal-Flusses wurde Halt bei einer Farm gemacht, um den Thieren wieder etwas Ruhe und Futter zu gönnen. Während dieser Pause und bis der Kaffee bereitet sei, sollte der Eigenthümerin der Farm ein Besuch abgestattet werden. Das Äussere der Wohnung war gerade nicht sehr einladend, es war ein kleines Gebäude aus dicken Lehmwänden mit einem Grasdache, wo ein geborstener, stark rauchender Schornstein sich zeigte. Die heftigen Regengüsse der letzten nassen Jahreszeit hatten an ihm untrügliche Zeichen rascher Zerstörung hinterlassen; eine niedrige Thür, in der Mitte horizontal abgetheilt, und ein einziges kleines Fensterchen, mit einem Laden verschlossen, erlaubten dem starken Rauche den Ausgang.*

Bei Annäherung an die Thür liess sich aus dem Inneren ein Hundegebell vernehmen und eine heisere weibliche Stimme versuchte vergeblich, den aufmerksamen Wächter in seinem unfreundlichen Grusse zum Einhalt zu bewegen. Durch Öffnen des oberen Theiles der Thür war dem Qualm Gelegenheit geboten, das Freie zu gewinnen, und er that diess mit solcher Eile, dass das Geruchsorgan plötzlich damit angefüllt und so sehr beleidigt wurde, dass es mich alle Überwindung kostete, denn doch den Versuch zu wagen, in die Höhle einzudringen. Es gelang mir, mich in dem Dunkel aufzuhalten und zu athmen, es dauerte aber noch geraume Zeit, bevor das Auge sich akkommodirt hatte; nur schwierig konnte eine der Thür gegenüber an der Wand befindliche hölzernen Bank entdeckt werden, um sich darauf niederzusetzen; der brummende Hund, ein feister Spitz, und zwei Katzen gaben durch die Richtung, in welcher sie die Flucht ausführten, zu erkennen, wo man das Wesen zu suchen hatte, von dem die menschliche Stimme ausgegangen sein mußte. Nach und nach, wie eben der lästige und hinderliche Qualm durch die offen gelassene Thür entschwand und von dem Weibe in gütiger Herablassung gegen den Besucher dem Lichte noch ein weiterer Eingang durch Öffnung des Fensterladens gestattet worden war, gestaltete sich das bisher in Nebel gehüllte Wesen zu einem Bilde der hässlichsten Hexe, die ohne Weiteres in Macbeth hätte auftreten können.

Ich war über die Maassen froh, dass sie sich nicht zum Grusse von ihrem Lehnstuhl erhob, sondern in der Vollendung ihrer eben begonnene Toilette fortfuhr. Mit Speichel anstatt Pomade oder Haaröl benetzte sie die ohnediess schon aneinander klebenden melirten Haare und suchte dieselben, wiewohl vergeblich, mittels eines Kammes, der ein ziemlich getreues Bild ihrer lückenhaften Kiefer darstellte, auseinander zu bringen. Dank dem Halbdunkel, dass ich sie nicht bei voller Beleuchtung erblicken konnte! Dank dem Tabaksrauch, den ich durch die Nase blasen konnte, um den furchtbaren Geruch dieser Stube weniger deutlich zu empfinden. Dank der nicht sehr lebhaft geführten Conversation, immer und immer wieder gestört durch das Schnurren der Katzen und das Brummen des Hundes. Dank aber vor Allem dem Wagentreiber, der in kurzer Zeit den Kaffee hergestellt hatte und mir die Nachricht davon überbrachte! Die von meinem freundlichen Wirt erhaltene Versicherung, dass es nicht überall in den Farmhäusern in der eben beschriebenen Weise bestellt sei, gewährte mir für die Zukunft erquicklichen Trost.“

An der Wasserscheide zwischen dem Südatlantischen und dem Indischen Ozean

Nach Transvaal hinein wurden die Reiseeindrücke MAUCHS etwas angenehmer. Bald berichtet er freundlicher und mit der ihm eigenen Begeisterung:
„Der nördliche Abfall dieser Hochfläche ist gebildet durch mehrere parallele Ränder aus Gesteinen, welche silurischen und metamorphischen Schiefern beizuzählen sind und bei ostwestlichem Streichen bedeutend gegen Norden einfallen; die höheren Theile führen den Namen „Witte Water-Rand“ von den gebleichten Kalksteinen, welche sich längs der starken Quellen und Bäche vorfinden. Die Partien um die Quellflüsse des Limpopo werden übrigens zu den Makhalis-Bergen gerechnet, obwohl man eigentlich unter diesen eine lange Kette aus Quarzit versteht, die mit fast senkrechten Felswänden und dem nun mit einem Male auftretenden starken Baumwuchs zu den bisher durchreisten einförmigen Flächen eine längst ersehnte Grenze bildet; der schnelle Contrast entschädigt völlig für die Langweiligkeit der letzten Tage, wo nicht einmal mehr durch Wild eine kleine Abwechselung hervorgebracht worden war. Leicht auszuleitende Bäche und höchst fruchtbarer Boden ermunterten zur Anlage zahlloser Farmen; am Wege stehen die netten, oft geräumigen Wohnhäuser mit einem Garten daneben, zu dessen leben-

diger Umzäunung die Türkische Feige (Opuntia) oder Granatäpfel oder Quittensträucher gewählt worden sind und worin Pfirsiche, Aprikosen, seltener Äpfel und Birnen, Feigen, Weinstöcke, verschiedene Gemüse, Kartoffeln, Bataten, Tabak, Kürbisse und Melonen gezogen werden. Wo nicht bereits grössere einheimische Bäume vorgefunden wurden, um eine schattige Umgebung herzustellen, sind Maulbeeren und Siringen (Melia Azedarach) und für besseren Anblick aus der Ferne Australische Eucalypten verwendet worden, während verschiedene Auantiaceen gewöhnlich vor dem Hause gepflanzt sind. Leider zeigt Alles wenig Verständniss in der Behandlung oder aber Vernachlässigung. Unmittelbar am lustig rauschenden Bächlein entlang ist der geeignetste Boden für Cerealien, wie Weizen, Mais u. dgl.; hinter dem Hause oder seitwärts davon befindet sich je nach Bedarf der mit einer Steinmauer oder dornigen Sträuchern eingefasste Platz für den Viehbestand. Das Pferd grast entweder frei am nahen Hügel oder ist mittels eines Riemens, der ihm um Hals und Knie befestigt ist, am Entlaufen gehindert. Ein oder mehrere Hunde der verschiedensten Mischung begrüssen bellend den fremden Ankömmling und der ‚Baas', der Hausherr, erscheint gewöhnlich, durch den entstandenen Lärm herbeigelockt, auf der Schwelle der halb geöffneten Thür, auf die übliche Begrüssung wartend. Die Kinder, an denen man meist keine Verschwendung von Seife oder häufigen Gebrauch von Wasser gewahren kann, betrachten den Herankommenden neugierig, aber doch schüchtern im Schutze ihres Vaters, während die Hausfrau gern von ihrem Platz hinter dem kleinen Fenster ihre Beobachtungen anstellt und für den Fall, dass der Fremde ordentlich gekleidet ist und Anstalten trifft, einen kleinen Aufenthalt zu nehmen, bereits an die schwarzen Dienstboten den Befehl ertheilt, den Kaffeekessel an das Feuer zu rücken.

Nach gegebener Erlaubniss, ausspannen zu dürfen, wobei der Hausherr nicht selten selbst Hand anlegt, und nach der Bezeichnung der Gegend, wo die ausgespannten Thiere grasen und später zur Tränke geführt werden sollen, folgt die Einladung zum Betreten des Hauses; gewöhnlich wird jene hölzerne Bank zum Sitzen angewiesen, welche der Thür und den Fenstern gegenüber steht, einmal, damit der Fremde selbst besser beleuchtet werde, dann aber auch damit das eindringende blendende Licht ihm lästig in die Augen falle. Jetzt werden die stabilen Fragen gestellt: Wer? Woher? Wohin? Man erkundigt sich nach der Qualität der Fracht und deren Preisen, nach Verwandten, Viehstand, Ernteberichten u. dgl. mehr. Diese Art der Unterhaltung ist überall dieselbe und vertritt gewissermassen die Zeitung, von welcher für uns unentbehrlichen

Einrichtung der Holländische Boer noch wenig wissen will oder wegen Mangels an nöthiger Bildung Nichts wissen kann.

Bald mangelt es an weiterem Stoffe, der Fremde macht sich zur Weiterfahrt bereit. Ein wiederholter Peitschenknall ist das Zeichen für den Wächter, die Zugthiere zunächst zum Wasser und dann zum Wagen zu bringen: auch beim Einspannen ist der Baas meist behülflich und wenn Alles bereit ist, wird von allen Mitgliedern der gastfreundlichen Familie einzeln Abschied genommen. Tag, Ohm! Tag, Tante! Tag, Neffe! Tag, Nichte! Tag, Junge! tönt es beziehungsweise aus jedem Munde, Alle sind verwandt; der Fremde besteigt den gewöhnlichen Sitz auf der Vorderkiste seines Wagens und commandirt sein ‚treck'.

Wir befanden uns von der Farm aus, von der ich die vorstehende Schilderung gegeben, nur noch etwa 5 Stunden von Rustenburg, dem Heimathsdörfchen meines Gönners entfernt; bereits war es Nachmittag und daher wurden die Zugthiere zu rascherem Laufe ermuntert, um die eigene Wohnung [in Rustenburg – der Verf.] wo möglich mit Sonnenuntergang zu erreichen."

An dieser Stelle, nach dieser fast romantischen Schilderung unseres Reisenden, CARL MAUCH, noch eine Bemerkung: Heute wird man die von MAUCH geschilderten Eindrücke kaum noch nachvollziehen können. Zuviel hat sich in 135 Jahren verändert. Vergegenwärtigen müssen wir uns nämlich, daß in dem von MAUCH durchreisten Gebiet heute das wirtschaftliche Herz Südafrikas schlägt. Alles hat sich verändert, ob immer zum Vorteil? Dies zu entscheiden wird der Leser wohlmöglich selbst Gelegenheit haben. MAUCH jedenfalls hat uns ausreichend Tagebuchaufzeichnungen hinterlassen, die einen detaillierten Vergleich mit der Gegenwart ermöglichen.

Die Landschaft um Rustenburg

Unseren Reisenden interessierte an diesem für ihn fremden Ort zuerst die Geologie sowie Flora und Fauna. Er hält diesen Moment für den wirklichen Beginn seiner Forschungstätigkeit in Afrika. Lesen wir ihn weiter im Originaltext:

„*In einem recht anmuthigen Thälchen entlang, auf breiter, zwar stellenweis sehr holperiger, oftmals wegen bedeutender Abschüssigkeit zum nahen tiefen Bachbette selbst gefährlicher Strasse, zwischen ziemlich reichlicher und mannigfaltiger Baum- und Buschvegetation hindurch, gelangt man bald zum Hex-Flüsschen, das aus engem Thale von Süden herkommt und den gewaltigen Felswall der Makhalis-Berge, an dieser Stelle aus dichtem, sehr zerklüfteten Quarzit bestehend, in enger Schlucht durchfliesst; der Sattel, welcher sich zwischen dem Hügel und der sich nach West fortsetzenden Kette befindet, bot die einzige Gelegenheit, einen fahrbaren, wenn auch wegen seiner Steilheit sehr schwierigen Weg mit geringen Mitteln herzustellen. Dieser Sattel führt den Namen Olifants Neck, weil zu einer Zeit, als hier noch Elephanten hausten, diese ihre Wechsel hier hatten. Auf der Höhe desselben angekommen eröffnet sich dem Blicke eine herrliche Aussicht, das Auge schweift in weite Ferne über eine Fläche hin, durch welche sich das Hex-Flüsschen in einigen starken Krümmungen windet, bis es endlich zwischen der dunkelfarbigen, deshalb Schwarzkuppen genannten und den Horizont begrenzenden Bergreihe verschwindet. Weiss getünchte Häuser mit dem noch frischen Grün ihrer Gärten und Baumpflanzungen heben sich anmuthig ab von dem bereits vergilbten Grase der unbebauten Fläche, hohe Berge von gefälliger Form in blauem Dufte schliessen den Horizont auch im Norden und Nordwesten ab, das Ganze aber ist ein Bild, das Jeden für die Gegend einnehmen muss, und wenn auch Manches, wie freundliche Dörfer mit stattlichen Thürmen, mangelt, man weiss ja, dass das Land erst vor wenigen Jahren der Kultur erschlossen ist, und darf zuversichtlich hoffen, dass die Bevölkerung wachsen und es nicht unterlassen wird, nach und nach das Land zu dem zu machen, wozu es reiche Anlagen hat, nämlich der hervorragendste Staat Süd-Afrika's zu werden. Von diesem Bergsattel an führt die Strasse in wirklich schönem Buschwalde dahin, bald an der Prachtfarm des Transvaal'schen Kriegsministers und Feldherren, hier zu Lande Commandant-General genannt, vorüber, weiterhin über theilweis sumpfiges, baumloses Steppenland, bis man endlich um einen niedrigen Hügel umbiegend aus dem Buschwald heraustritt und das Dörfchen Rustenburg unmittelbar vor sich erblickt.“*

„Zu Hause“ in Rustenburg

Bei seinem Gastgeber angekommen, freundlich empfangen, zeichnet Carl Mauch ein optimistisches Bild seiner Forscherzukunft. Trotz aller zivilisatorischer Annehmlichkeiten nach strapaziöser Reise - Mauch ist bewußt, daß dies erst der Anfang ist, und er schmiedet Pläne:

„Kurze Zeit darauf war die Familie beisammen, meine Wenigkeit vorgestellt, ein delikates Abendessen eingenommen und mein Zimmerchen mir angewiesen, in welches ich mich bald zurückzog,

Abb. 18: Zeichnungen südafrikanischer Tiere und Pflanzen aus MAUCHS Skizzenbüchern (Quelle: Hauptstaatsarchiv Stuttgart)

um über die merkwürdige Fügung nachzudenken, welche mich nach zweijähriger unerhörter Anstrengung meinem seit früher Jugend gehegten Wunsche so nahe gebracht hatte. Nun, durfte ich zu mir selbst sagen, hast du die Vorbereitungsklasse zum Reisen absolvirt und trittst in die eigentliche Reiseschule, du bist Primar geworden. Nun konnte ich den Körper auf die Probe stellen, ob er Klima und allerlei Strapazen zu ertragen vermöge und ob die Übungen, denen ich mich in der Heimath unterzogen hatte, Etwas gefruchtet haben. Es war der 22. Juni 1865.

Die nasse Jahreszeit, für jene Gegenden der Sommer, nahte ihrem Ende; schwächere Gewitter, begleitet von leichteren Regenschauern, werden seltener, die Luft klärt sich allmählich von Wolken, der trockene Nordostwind bekommt immer mehr die Oberhand, die Nächte werden bereits kühl, manchmal frostig, der Winter hält seinen Einzug. Das ist die günstigste Zeit zum Reisen. Noch haben alle Bäche laufendes Wasser, jede Quelle ist noch lebendig, wilde Baumfrüchte sind reif und an Nahrungsmitteln unter den weissen wie unter der schwarzen Bevölkerung ist kein Mangel. Jetzt ist auch die Zeit, wo das Wild im besten Stande sich befindet, daher für den Jäger, der seine Ernte eingeheimst hat, am einladendsten zur Jagd. Diese Umstände waren für mich äußerst günstig, insofern die Touren ausgedehntere werden konnten, ferner weil ich auf die Gastfreundschaft der Bewohner rechnen und einige Jagdzüge mitzumachen hoffen durfte, bei meiner Mittellosigkeit also dennoch Einiges zu leisten vermochte. Es war zunächst meine Sorge, in dieser Weise möglichst viel Material zu sammeln und durch die in die Heimath zu sendenden Resultate meine Befähigung zum Reisen darzuthun, um sodann auch hoffen zu dürfen, mit einiger pekuniären Unterstützung mich freier bewegen zu können. Durch eigene Kraft mir im Lande selbst eine solche zu verschaffen, das musste ich bald einsehen, war ein Ding der Unmöglichkeit oder wenigstens mit enormen Zeitverlusten verbunden. Hätte ich meine fast zehnjährige Vorbereitung ignoriren und mir mit grösster Anstrengung das kärgliche tägliche Brot erwerben sollen? Hatte ich doch schon einige Monate früher einen vergeblichen Versuch in dieser Hinsicht gewagt! Nein, das durfte ich nicht! Die Verhältnisse hatten sich ja gegen mein Erwarten so günstig gestaltet, dass ich alle Aussicht auf das Gelingen meiner Pläne haben durfte.“

Ausflüge rund um Rustenburg

Seinen längeren Aufenthalt in Rustenburg nutzt Mauch zu umfangreichen Studien in der Umgebung. Seine geologischen Erkundungen liefern umfangreiches Material. Aber auch die Tagebuchinformationen zu Leben, Sitten und Gebräuchen der weißen Siedler und der eingeborenen Schwarzen lesen sich heute noch spannend: *„Ich habe bereits der Makhalis-Bergkette Erwähnung gethan; ihren Namen hat sie von den Boers erhalten nach einem Häuptling Makhali (schwarzes Rhinoceros), der zur Zeit der Eroberung des Landes daselbst wohnte. In langgedehnter S-Form umschliesst sie mit ihrem westlichen Bogen das Dörfchen Rustenburg, mit ihrem* *östlichen den Hauptort der Republik, Pretoria; die grösste Erhebung zeigt sie zu beiden Seiten des Hex-Flüsschens. Steil wie der südliche Abfall ist, besteht keine Vermittelung durch Vorberge vom Thal bis zum Grat, nur Halden aus Felstrümmern haben sich gebildet, ein dünner Rasen vermag kaum die losen Felsstücke aufzuhalten, die wenigen Schluchten auf der südlichen Seite bergen nur wenig Wasser, der dichte kräftige Baumwuchs bewahrt vor gänzlicher Verdunstung. Petrographisch genommen besteht der ganze Bergzug aus weissem Quarzit, der zwischen dichter und grobkörniger Textur wechselt, mehr gegen Osten ist er kaum von feinkörnigem Sandstein zu unterscheiden; mit Ausnahme jener Stellen, wo er ein dichtes Gestein bildet, enthält er weisslichen oder gelblichen Glimmer. Das Hauptstreichen ist von Ost nach West, das bedeutende Fallen nach Norden. An Petrefakten (Fossilien - der Verf.) ist wohl nicht zu denken, wenigstens habe ich bei meinen zahllosen Wanderungen kein einziges entdeckt, wohl aber finden sich einige Erzadern vor, so südlich in einem niedrigen Hügel Kupferkies, von dessen Abbau durch Eingeborene früherer Zeiten noch zwei verfallene Gruben Zeugniss geben. Parallel mit und nördlich von der Kette, in etwa ½ Stunde Entfernung, zieht sich ein mächtiges Lager von Magneteisenerz von Pretoria bis in die Nähe Rustenburg's hin. In der Vegetation zeigen sich bedeutende Unterschiede; während nämlich südlich die Akazien-Arten vorherrschen, treten sie im Norden zurück und zeigen sich vorwaltend nur noch an den Ufern der Gewässer; das Buchenholz (Faurea), der Zuckerbusch (Protea) mit einigen Combretaceen, ferner Morula (Sclerocarya) und Rhus-Arten treten zum ersten Mal im offenen Buschfeld auf, während in den Schluchten eine Capparis mit ihrem glänzenden dunkelgrünen Laube sich angesiedelt hat und mit ihrem Schatten den baumartigen Farnen Schutz gegen die sengenden Sonnenstrahlen gewährt. In den Klüften und Spalten des sonst unfruchtbaren Gesteins wuchern baumartige Aloen, eine Graslilie (Phormium), mehrere Arten baumartiger Euphorbien, Staperlia und Ficoideen, seltener Erythracea (Korallenbaum). Noch hausen in ihren Verstecken der Leopard und einige Wildkatzen und brechen während der Nacht hervor, die Farmer zu beunruhigen. Zahlreiche Banden von Hunds-Pavianen suchen ihre Nahrung, nämlich Kerfthiere, unter Steinen, sodann Zwiebelwurzeln, führen aber auch gern kleine Raubzüge in die Felder aus. Mehrere Arten von Giftschlangen liefern kein zu verachtendes Contingent für die Bergbevölkerung. Die vielen Bäche, die auf dem nördlichen Abhange entspringen, ermöglichten Farm-Anlagen in nicht geringer Zahl. Fliessende Gewässer sind in jener Zone mit nur zwei Jahreszeiten unumgänglich nothwendig zur Kultur von Winterfrüchten und wo die Bäche allenfalls zu schwach werden, um einen Bewässserungskanal mit abzweigenden Furchen herzustellen, wurden Dämme angelegt, um die geringe Quantität Wasser nicht nutzlos abfliessen zu lassen. Wer über ein stärkeres Wasser mit raschem Gefälle verfügen kann, richtet sich eine einfache Mühle ein, um sein eigenes Korn zu mahlen, größere Mühlen bestehen noch wenige. Ein guter Anfang ist bereits gemacht worden zur Kultur des Kaffee's und Zuckerrohrs.*

Scheinbar mit der Makhalis-Bergkette zusammenhängend sieht sich eine Reihe dunkler Kuppen als östliche Begrenzung der Rustenburger Ebene von Südosten nach Nordwesten, in einzelnen Spitzen bis zu 600 Fuß ansteigend. Nur spärlich bewachsen erheben sich ihre Spitzen ohne Vermittelung plötzlich über die Fläche. Das Gestein, aus dem sie bestehen, dürfte Syenit sein mit fleischrothem Feldspath und dunkelgrüner, fast schwarzer Hornblende. An einer Stelle, einem kaum bemerkbaren Rändchen nahe dem Durchfluss des Hex-Flüsschens, zeigt sich eine porphyrartige Abänderung: eine ziemlich gleichmässig körnige Grundmasse weist auf frischem Bruche zollgroße, in gewissem Lichte glasartig glänzende oblonge Krystallflächen, ohne das die Krystalle selbst sich auslösen liessen; man erschaut die Grundmasse gleichsam wie durch ein dünnes glasiges Häutchen. Wie häufig der Granit so hat auch dieses Gestein eine bankförmige Absonderung, mächtige Felsblöcke ruhen auf einander, drohen, beim ersten Anlass in die Tiefe zu stürzen. Gegen das nordwestliche Ende wird die porphyritische Struktur immer deutlicher, auch finden sich kleinere Hügel und Grünstein (Diorit) dazwischen mit weissem Feldspath und lauchgrüner Hornblende, welcher in kleinere, mehr gerundete Brocken verwittert und aufgestapelten Gesteinshügeln gleicht. In ihrer nächsten Umgebung auf der Fläche liegen Unmassen von Stücken magnetischen Eisenerzes, welche ungemein stark auf die Magnetnadel wirken. Diese Kuppenreihe ist äusserst wasserarm, denn die wenigen Quellen, die am Fuße entspringen, sickern bald unter die Ackerkrume. Der Pflanzenwuchs ist ein spärlicher und besteht vorwiegend aus Euphorbien, Ficoideen an den Felsen am Fusse der Kuppen, aus niedrigen Akazien im dunkelgrauen lehmigen Boden, aus mehreren Combrestaceen in eisenhaltiger rothbrauner Erde. Der Klippschiefer (Hierax) und Klippspringer (Oreotragus saltatrix) sind die hauptsächlichste, jetzt mit Ausrottung bedrohte Bevölkerung. Nur der gewundene Lauf des Hex-Flüsschens erlaubt die Anlage von Farmen, bis auf ein kleines elendes Kafferdörfchen, auf einer geräumigen Felsplatte erbaut, trifft man zwischen den Schwarzkuppen auf keine menschliche Behausung.“

Seltsame Begegnung

„Von der Anwesenheit dieses Dörfchens wurde ich auf eigenthümliche Art in Kenntnis gesetzt. Eine der höchsten, rein konisch aussehenden Kuppen hatte ich mir zum Ziele eines Ausfluges ausersehen; ohne mich an eine Fahrstrasse oder einen Fussweg zu halten, verfolgte ich die Richtung dahin in möglichst gerader Linie, erstieg endlich rasch den Gipfel, des glatten abschüssigen Gesteins halber mit ausgezogenen Schuhen. Auf der Spitze angelangt, verzeichnete ich mir die Umgegend. Da erschien plötzlich, wenige Fuss unter dem grossen Felsblock, auf dem ich die schönste Rundsicht genoss, ein von Schweiss triefender Schwarzer, bewaffnet mit zwei Speeren und einem Beil; er betrachtete mich neugierig lange Zeit, ohne ein Wort zu sprechen. Ich liess ihn völlig unbeachtet. Als er bemerkt hatte, dass noch zwei weitere Leute mit ähnlicher Bewaffnung und von zwei Hunden begleitet den Gipfel nahezu erreicht hatten, stieg er vollends zu mir herauf. Selbst noch ‚grün', wie man zu sagen pflegt, wenn man mit den Verhältnissen daselbst nicht näher bekannt ist, konnte ich nicht anders denken, als dass es die Drei auf einen Angriff auf mich abgesehen hätten, und ich machte mich daher bereit, mich in den Vertheidigungszustand zu setzen. Ein kleiner Hammer, wie ihn Schieferdecker gebrauchen, war meine ganze Bewaffnung und ich fasste diese Waffe energisch am Stiele, als mich der Erstgekommene mit finsterer Miene einen Schelm und schlechten Kerl (er sprach Holländisch) nannte. Meine Frage, warum er mich auf diese Weise anrede, beantwortete er mit denselben Schimpfworten, sein Recht hierzu begründend durch die Thatsache, dass ich nicht wie die anderen Menschen (ein Kaffer oder eingeborener Farbiger ist nach Ansicht der Boers kein ‚Mensch') auf dem Wege gehe, sondern ‚so maar dunr die Veld' (querfeldein); er drohte mir sogar, dass er mich zum Veldcornet (Bezirksrichter) bringen werde. Ich erklärte mich sogleich bereit, ihm zu folgen, wenn ich mit meiner Arbeit hier oben fertig wäre. Er stutzte darob und wartete ganz geduldig, bis ich endlich wieder hinabstieg. Er schlug einen Fusspfad ein, der in das Dörfchen führte. Hier wünschte ich etwas zu ruhen und einiges Bier gegen Tabak einzutauschen, was ohne Widerrede gewährt wurde. Der auf mir lastende Verdacht als eines für die öffentliche Sicherheit gefährlichen Menschen schwand nach und nach und als ich endlich dem kleinen Häuptling Furcht machte, dass ich ihn beim Commandant-General verklagen würde, fing er an, sich zu entschuldigen. Das Abenteuer, das anfänglich ernst zu werden drohte, endete in Heiterkeit; er gab mir das Geleite bis zum Hauptweg, auf dem ich nicht weiter irren konnte, trotzdem die Dunkelheit hereinbrach. Beim

Abschiede gestand er mir noch, dass er unter einigen Felsen der von mir besuchten Kuppe Pulver, Blei und Gewehre versteckt hätte und der Meinung gewesen wäre, ich wollte diese Gegenstände stehlen.“

Berge des Häuptlings Pilaan

„Die dritte Berggruppe der Umgebung der Rustenburger Fläche ist die der Pilaans-Berge, nach dem früheren Häuptling Pilaan genannt, der darin wohnte. Sie schliessen die Ebene nach Norden ab, obwohl ihre Entfernung von Rustenburg bei klarer Sicht nur eine geringe zu sein scheint, so erfordert es doch nahezu 9 Stunden, um den nächstliegenden Theil, einen konischen oder glockenförmigen Berggipfel, in gerader Linie zu erreichen. Ein enges Thälchen mit periodischem Bachbett, worin in einzelnen Löchern ein schmutziges, übelriechendes Wasser von allerlei Larven belebt war, leitete mich ins Innere der ziemlich ausgedehnten Berggruppe. Der Quarzporphyr mit seiner violetten Grundmasse und das Gerölle im Bachbett hielten mich dann und wann auf, so dass ich kaum gewahrte, dass mich die Dunkelheit zu überraschen drohte; ich hatte nach einem Obdach für die Nacht zu suchen. Im Hintergrund des einen Thälchens stieg ich in die Höhe und fand einen Fusssteig vor, der jedoch nicht mehr frequentirt wurde. Das hohe Gras mit seinen bleistiftdicken Halmen erlaubte kaum, in die Ferne die Richtung des undeutlichen Pfades zu verfolgen; ein Complex von vielen Hütten, den ich am Abhang eines höheren Berges gewahr wurde, veranlasste mich, geraden Wegs darauf loszugehen; ehe ich jedoch das Dorf erreicht hatte, war es Nacht geworden und die Hyänen und Schakale thaten mir durch ihr Geheul kund, dass sie meine Schlafgenossen zu werden gedachten. Kein menschliches Wesen zeigte sich, das Dorf war vollständig verlassen.“

Allein ohne schützendes Nachtquartier

„Eine widerwärtige Situation, in die ich gerathen war! Kein Tropfen Wasser, um den unsäglichen Durst zu stillen, kein Bissen Brod, um den nagenden Hunger zu beschwichtigen, keine Decke, um mich gegen die Kälte der frostigen Nacht und den starken Wind zu schützen, kein Stückchen Holz, um mich an einem Feuer zu erwärmen; ich suchte mir eine der best erhaltenen Hütten aus, kroch hinein und suchte die niedrige Öffnung, so gut es gehen wollte, mit Gras zu verstopfen. Von Schlaf konnte keine Rede sein, denn die nächtlichen Raubthiere schnupperten leicht vernehmlich in nächster Nähe herum oder heulten in einiger Entfernung, das Ungeziefer war noch nicht ausgewandert und machte sich und mir fort-

während zu schaffen. Die Nacht schien gar nicht enden zu wollen, kein Glockenschlag verkündete die Stunde und nur am Schweigen der Hyänen konnte ich erkennen, dass Mitternacht vorüber sein müsse. Mit Freuden begrüsste ich die erste Dämmerung, um meine Wanderung fortzusetzen."

Wegsuche und Fehlinformation
„Es war mir zwar gesagt worden, dass ein Basler Missionar und mehrere Boers irgendwo in den Bergen wohnen sollten, aber wie sollte ich diese finden? Nach mehreren Stunden mühsamen Wanderns mit hungerigem Magen und durstiger Kehle über felsigen Boden, durch dorniges Gestrüpp, die Sättel zwischen den einzelnen Kuppen als Übergänge benutzend, erblickte ich plötzlich unter mir ein kleines Häuschen und eine weidende Schafherde in der Nähe. Ich eilte darauf zu, aber die Ärmlichkeit der Wohnung, der Anblick der verwahrlosten Umgebung und die hageren Gesichter der Bewohner liessen keine Hoffnung in mir aufkommen, dass ich hier Etwas zur Befriedigung meiner dringendsten Bedürfnisse erhalten könnte. Ich scheute mich daher auch, darum zu bitten, und erkundigte mich nur nach der Wohnung des Missionärs. Mit nicht allzu grosser Freundlichkeit wurde mir Bescheid gegeben, aber, wie ich bald einsehen musste, ein unrichtiger.

Wiederum wanderte ich Stunde um Stunde förmlich verirrt umher, des unbestimmten Wanderns müde erstieg ich einen Berggipfel und erblickte vor mir gegen Norden eine mächtig ausgedehnte Ebene ohne Bäume, die jedenfalls nicht bewohnt sein konnte. Nun änderte ich meine Richtung nach Westen, kam auf eine kleine Hochfläche mit sumpfigem Boden und bald darauf zu einer klaren kühlen Quelle. Ich labte mich an dem köstlichen Wässerchen, gönnte mir einige Ruhe und brach dann wieder auf, ohne zu wissen, wohin ich meine Schritte wenden sollte. Kurz darauf erblickte ich einen Mann zu Pferde, argwöhnte jedoch im Reitersmann mehr Gefahr als Hülfe und hätte er mich nicht bereits wahrgenommen gehabt, ich wäre darauf bedacht gewesen, mich vor ihm zu verstekken, denn er führte ein Gewehr mit sich, ich war gänzlich ohne Waffen. Die Sache lief jedoch recht günstig ab, der Mann hatte mich bereits im Dörfchen Rustenburg gesehen, war also auch mit dem Zwecke meines Umherstreifens bekannt. Mit wenigen Worten bezeichnete er mir die Richtung nach der Missionsstation und ritt weiter, um einen Besuch bei einem Verwandten abzustatten.

Bald gelangte ich auf den Fahrweg und diesem fortan folgend erblickte ich bald das kleine nette Häuschen. Vor demselben war eine Frau mit häuslicher Arbeit beschäftigt, es konnte wohl Niemand anders sein als die Frau des Missionars. Ich täuschte mich nicht und fand freundliche Aufnahme. Wie herrlich schmeckte mir nun die vorgesetzte Milch, das frische Brod mit Butter! Der Herr war nicht zu Hause und so zauderte ich mit der Bitte um ein nächtliches Obdach. Aus dieser Verlegenheit riss mich jedoch die Frau selbst, indem sie mich auf die vorgeschrittene Tageszeit und die Gefahr, bei eintretender Nacht meine Wanderung fortzusetzen, aufmerksam machte und mir mittheilte, wenn ich mit dem bescheidenen Lager vorlieb nehmen wollte, das sie mir zurecht machen könne, so sei ich willkommen. Dieses gütige Anerbieten konnte wohl nicht ausgeschlagen werden, denn ich bedurfte der Ruhe. Am folgenden Morgen aber brach ich trotz der freundlichen Einladung zu bleiben, bis der Hausherr zurückkäme, wieder auf und durchstöberte noch den westlichen Theil der Berge.

Ich fand, dass dieser Theil manches Interessante zu bieten hat, denn die Stückchen Rothkupfererz, Magneteisensteine und Flußspath, so wie auch Gneiss, welche ich in den Bachrinnen bemerkte, verlangten genauere Untersuchung der Region, aus der sie stammen; ich nahm mir jedoch vor, sie ein anderes Mal vorzunehmen. Leider kam ich später nicht wieder dazu und musste mich also damit zufrieden geben, dass ich die kartographische Darstellung der Pilaans-Berge leidlich correkt schon beim ersten Besuche zuwege gebracht hatte. Sie bilden einen isolirten Stock, der bei einer Länge von etwa 7 Meilen eine Breite von 4 bis 6 Meilen hat; im Centrum ist ein kleines sumpfiges Hochplateau, von dem aus zahlreiche Bächlein in jeder Richtung abfliessen, um theils zwischen den Porphyrkuppen des Südens hindurch dem Elands-Flüsschen zuzufallen, theils in die Sandsteine und Lehmschichten (abgeschwemmt) tiefe Rinnen nagend der oben erwähnten kahlen Fläche zuzufliessen und sich in dem dunklen lehmigen Boden zu verlieren. Die Vegetation ist nur in den Thälchen eine dichte, die Abhänge der Kuppen sind nur spärlich bewachsen.

So hätte ich denn die Umgrenzungen der Rustenburger Ebene gegeben, sie selbst bietet wenig Bemerkenswerthes. Der Boden ist grösstentheils dunkelfarbiger Lehm, aus welchem hie und da mächtige Bänke eines Syenit hervorragen, der von den weissen Ansiedlern zu Bausteinen oder Fundamentmauern verwendet wird. Zu diesem Zwecke wird gegen Abend auf der Platte ein starkes Feuer angezündet, um diese Bänke stark zu erhitzen. Durch den schnellen Temperaturwechsel in der Nacht werden schalenförmige Stücke abgesprengt, die dann nach Bedarf in kleinere zerschlagen werden. An dem Fusse von Bergen mischt sich gern Sand und Eisenoxyd dem Lehme bei, so dass eine rothbraune Erde entsteht.

Diese ist es, welche von der Bevölkerung zum Anbau gesucht wird. Die Erfahrung lehrte schon die früheren Eingeborenen, dass der zu lehmige Boden schnell vertrocknet und alsdann steinharte Schollen bildet oder aber bei anhaltendem Regenwetter total versumpft; in zu sandigem Boden verdunstet das Wasser zu rasch, die Sonnenstrahlen versengen die Kulturpflanzen, der rothbraune Boden aber hält die Mitte."

Anlage südafrikanischer Dörfer

„Die Anlage vom Dorfe selbst ist wie bei allen Ortschaften Süd-Afrika's eine ganz regelmässige. Ein nahezu quadratischer freier Platz bildet gleichsam das Centrum, den Markt- und Kirchplatz; auf ihm lässt man das Gras wuchern, damit man den Pferden derer, welche nach dem Dorfe zu Abwicklungen von Geschäften kommen, eine nahe Weide geben kann, wo sie beständig im Auge behalten werden können. Dieses Viereck ist gebildet aus weiss getünchten, meist niedrigen Häusern, nur zwei waren damals besser gebaut, zweistöckig und sogar mit Zinkblech bedeckt, während alle übrigen mit Strohdächern (Grasdächern) versehen sind, die billiger zu stehen kommen und einige Vortheile vor den anderen voran haben. Jedes Haus hat seinen zugehörigen Garten hinter sich, der von dem anstossenden durch eine Lehmmauer geschieden ist. Der Wasserbedarf wird durch einen langen Kanal aus dem Flüsschen, das

Abb. 19: Zeitgenössischer Stich einer weißen Siedlung in Südafrika (Quelle: WANGEMANN 1875)

seine Quellen in den Klüften der westlichen Berge hat, dem Dorfe so zugeführt, dass mittelst kleiner Furchen jede einzelne der parallelen Strassen mit dem nöthigen Wasser zum Hausbedarf und zur Gartenbewässerung versehen ist. Am tiefer liegenden Ende des Dorfes ist es dem Wasser überlassen, in welcher Weise sich das Bewässerungsnetz weiter ausdehnen oder ob es einen Sumpf bilden will. Zum Concertsaal für Frösche umgebildet ist, eine Wohnung in diesen Dorfvierteln eine wahre Plage für die Bewohner."

Jeder ist sein eigener Baumeister

„Beim Bau der meisten Häuser wurde sehr einfach und billig zu Werke gegangen, denn Jeder, der sich hier ansiedeln will, ist zugleich sein eigener Baumeister, ihm genügen dicke Lehmwände, in länglich-viereckiger Form aufgeführt, in welchen für Thüren und Fenster die entsprechenden Lücken gelassen werden; einige unbehauene Baumstämme werden quer darüber gelegt und darin die Dachsparren aus dünneren Stämmen befestigt, am First an einander gebunden und am Firstbalken festgemacht, lange Rietgräser oder Schilfrohre werden je zwei oder drei Lagen wieder horizontal darüber gebunden und mit einer dicken Graslage bedeckt. Der Boden oder die Flur wird aus einer Mischung von Erde aus Termitenhügeln und Rindermist hergestellt und mittels Feststampfens oder Festschlagens geebenet. Um die Zimmer, deren es gewöhnlich zwei oder drei sind, von einander zu sondern, werden die in den Zwischenwänden gelassenen Öffnungen mit Vorhängen aus appretirtem gedruckten Baumwollstoff geschlossen. Nur der Haupteingang erhält eine hölzerne Thür, die verschliessbar ist.

In dieser Weise waren die meisten Häuser noch im Jahre 1865 gebaut und es ist daher nicht zu verwundern, wenn die alljährlichen heftigen Regengüsse ihre zerstörende Wirkung daran äussern. Es entstehen Risse in den Wänden, Senkungen der Mauern und des Dachfirstes, so dass ein neu gebautes Haus schon nach wenigen Jahren wieder unbewohnbar geworden ist; selbst die in der Mitte des Marktplatzes stehende Kirche war damals dem Einsturz nahe. Das hatte sich aber bis zum Jahre 1870, also binnen 5 Jahren bedeutend verändert; stattliche Häuser aus gebrannten Steinen waren theils vollendet, theils im Bau und versprachen, dem Dorf das Ansehen von Beständigkeit geben zu wollen; die Kirche war ausgebessert und mit einem Zinkdach versehen worden, doch wird behauptet, dass dieses zu schwer sei für den schwachen Unterbau, woran wohl auch nicht gezweifelt werden kann, weil bis dahin noch keine besonders tüchtigen Baukünstler oder Architekten sich niedergelassen hatten."

Pflanzen wie im Botanischen Garten

„Bei dem prächtigen Klima gedeihen hier alle subtropischen Gewächse neben denen der gemässigten Zone, so dass der fleissige und verständige Bewohner mit leichter Mühe anpflanzen kann, was ihm Nutzen bringt oder eine angenehme Umgebung verschafft. Es wächst da auf demselben Grundstück die Dattelpalme neben der Kartoffel, die Banane neben dem Weizen, die Ananas neben einer Art Brombeere, das Bambusrohr neben Hafer und, was sehr erwünscht ist, Kaffee neben Zucker, Baumwolle neben Hanf u. dgl. Nur unsere schmackhaften Äpfel, Birnen, Pflaumen und Kirschen muss man noch missen."

Menschen aus aller Herren Länder

„Die Bevölkerung ist zusammengesetzt aus aller Herren Länder; wer durch die allerdings in gewöhnlichen Zeiten nicht allzu sehr belebten Strassen wandelt, kann mehrere Sprachen zugleich vernehmen, Deutsch, Holländisch, Französisch, Englisch und ‚Kaffe-

Abb. 20: Zeitgenössisches Aquarell einer südafrikanischen Pflanzung mit Palmen und Kaffeesträuchern (Quelle: Körner 1873)

risch" in verschiedenen Mundarten, ein wahres Chaos von linguistischen Elementen tönt ans Ohr. Der Beschäftigung nach gewahrt man sehr bald Händler und Winkeladvokaten in weit überwiegender Mehrzahl, selten bleibt der Schuster bei seinem Leisten und nur der eigentliche Boer hält zäh an seinem Berufe. Zur Zeit der Abendmahlsfeier, die alljährlich viermal Statt findet, strömen die Landbewohner im Sonntagsstaat dem Dörfchen zu, spannen grossentheils auf dem Marktplatze um die Kirche her aus, errichten ihre Zelte zwischen den grossen gedeckten Wagen und verweilen mehrere Tage; da herrscht denn ein reges Leben, da wird gekauft und verkauft, geplaudert und Kaffee getrunken bis tief in die Nacht hinein. Sind die Paar Tage vorüber, so tritt das gewöhnliche Stillleben wieder ein und man merkt so recht, dass die Geschäfte schlecht gehen; man möchte dann sagen, dass der Name für das Dörfchen ganz treffend gewählt sei, da er ‚Ruhe' bedeutet."

„Fachmann" für Minerale

„In der Nähe des Dorfes wohnt ein Mann von holländischer Abkunft, der in dem Rufe stand, seinen Mitbürgern in Bildung weit voraus zu sein; er war deshalb schon mehrmals in die Volksvertretung gewählt worden. Besonders aber lobte man seine Kenntniss der Gesteine und Erze und wollte sogar wissen, dass er Gold gefunden habe, den Fundort aber verheimliche.

Während eines Besuches, wobei er gegen seine Gewohnheit recht gesprächig geworden war, lud er mich ein, ihn auf einem Jagdzuge zu begleiten, der an einer Stelle vorüberführe, wo ‚ietz' (Etwas) sei; das sagte er mit einer bedeutsam ernsten Miene, die den Stolz des Bewusstseins von überreicher Kenntnis zu erkennen gab. Was dieses ‚ietz' sei, wollte er nicht sagen, da er ja beabsichtigte, mich auf die Probe zu stellen. Wenige Tage darauf war Alles in Bereitschaft, ein eiserner Kuhfuss zum Ausheben von Gesteinsbrocken, ein schwerer Schmiedehammer und ein Spaten durften nicht fehlen zum wichtigen Werk. Dem Zuge hatte sich noch ein alter neugieriger Verwandter angeschlossen, der ebenfalls erwartet, dass reiche Schätze gehoben werden würden, und so bildeten wir eine ziemlich zahlreiche Gesellschaft.

Der wohlbefahrene Weg führt anfänglich an dem Hex-Flüsschen entlang, dann zwischen den Schwarzkuppen hindurch auf ein flachhügeliges, aber baumloses Terrain, auf welchem nur kleine Büsche von Carissa und verkrüppelte Akaziensträucher fortzukommen schienen. Auf dem dunkelfarbigen lehmigen Boden lagen massenhaft zerstreut Bruchstücke von Rosenquarz und Brocken einseitig ausgebildeter Krystalle von Rauchquarz, die mein gelehr-

ter Freund ebenfalls für ‚ietz' hielt. Leider aber musste ich ihn aus seinen Himmeln werfen durch mein freimüthiges Geständnis, dass diese Dinge völlig wertlos seien. Weiter abwärts am Flüsschen treten große Granitbänke zu Tage von dunkel-fleischrothem Feldspath, violettfarbigem Quarz und ganz schwarzem Glimmer; in einigen Kuppen war er sehr grobkörnig und sehr deutlich krystallinisch.

Nach der Vereinigung des Hex-Flüsschens mit dem Elands-Flüsschen, welches wiederum 1 Stunde unterhalb in den Krokodil-Fluss fällt, findet sich ein niedriger Rand aus röthlichem feldspathigem Gestein, worin sich kleine Nester und Trümmer eines silberglänzenden Erzes fanden, welche mein weiser Gefährte auch für „ietz" erklärte. Auch hier fiel seine Hoffnung zu Boden, als ich ihm sagte, es sei nur Eisenglanz und ohne Werth. Noch führte er mich von hier aus auf eine entferntere niedrige Kuppe, wo aus dichtem oder feinkörnigem, reichlich mit Eisen imprägnierten Quarzit eine mächtige Bank von Magneteisenerz hervorragte, so dass Blöcke von 10 Fuss Länge, 8 Fuss Höhe und 4 Fuss Dicke abgelöst werden könnten. Das war allerdings ‚ietz', kann aber nicht verwerthet werden.

Seine sanguinischen Erwartungen hätten nun allerdings gedämpft sein können, wenn er sich nicht schon bereits seit Jahren in den Kopf gesetzt hätte, er sei Naturkundiger; hatte er doch schon ein Buch über dergleichen Wissenschaften gelesen und wieder gelesen und hatte er doch mit unsäglicher Mühe sich die fremdartigen Wörter, wie Quarz, Granit, Schwefeleisen, Kobalt, Nickel &c. ins Gedächtniss so eingeprägt, dass sie ihm mit einigen unfreiwilligen Änderungen in ihrer Aussprache recht geläufig waren, ohne natürlich zu wissen, welches Mineral damit gemeint sei.

Bald langten wir durch einen lieblichen Buschwald mit stattlichen Tambooti-Bäumen, deren Holz zur Theerfabrikation verwendet werden kann, und durch dichtes niedriges Buschwerk an den Fuss einer 5–600 Fuss hohen Bergkette, wo der Betschuanen-Häuptling Ramakoko mit seinen Leuten wohnte. Hier sollte einiges ‚Korn' (Sorghum) und Mais gegen Messingringe eingetauscht und einige Leute zur Dienstleistung bei der Jagd gemiethet werden. Man liess Ramakoko herbeirufen, der denn auch ohne viel Zögern erschien, begleitet von einem Schwarm Neugieriger, die jedoch bald wieder Reissaus nahmen, nachdem sie in Erfahrung gebracht hatten, worum es sich handle. Der Tausch ging zwar leicht von Statten, mehrere Weiber und Mädchen brachten kleine Körbe voll der verlangten Ware. Wenn sie nun auch über die angebotene geringe Bezahlung klagten, so entfernten sie sich doch damit und kicherten, als ob sie in der That den weissen Mann überlistet hätten. Schwieriger fiel das Miethen von Leuten. Ramakoko war überaus erfinderisch in den absurdesten Ausflüchten, liess sogar deutlich durchblicken, dass er unserem Verlangen sehr ungern entspreche; doch half ihm diess Nichts den erfahrenen, land- und menschenkundigen Jägerbauern gegenüber und er musste sich bequemen, Einigen den Befehl zur Dienstleistung zu ertheilen.

Hier war mir zum ersten Male die Gelegeneheit gegeben, einen etwas mächtigeren Häuptling zu sehen und zu hören, und ich gestehe, dass dessen Anblick und Gebahren meine philantrophischen Gefühle für die armen, geplagten Schwarzen dämpften. Schon sein Äusseres war abstossend genug, um jede Regung von Freundschaft im Keime zu ersticken. Wie er so dasass, seine hageren Arme mit den knöchernen Fingern über die zerkratzten und schmierigen Beine affenartig herabhängen lassend, bedeckt mit zerfetzter, theilweis verbrannter Decke voller Schmutz und Ungeziefer, einen an vielen Stellen durchlöcherten oder sonst schadhaften Filzhut auf dem Kopfe, der ihn durchaus beschattete und dadurch sein ohnehin schon hässliches Gesicht mit den roth unterlaufenen, entzündeten, eitrigen Augen, der missgestalteten, breitflügeligen Nase und dem fast zahnlosen Munde dem Beobachter nahezu entzog, seine heisere Stimme, Alles zusammen formte ein Bild des Abscheues, von dem man sich gern abwenden würde, wenn man seiner nicht bedürftig wäre, denn ohne diese Eingeborenen wäre eine Ansiedlung weisser Menschen kaum denkbar.

Ich empfand für diessmal keine besondere Lust, mich im Innern des Dorfes umzusehen, einen Gang durch die labyrinthartigen Wege zwischen den eingezäunten Hütten zu thun, eine Promenade durch allerlei Schmutz und Unrath zu wagen."

Auf dem Weg zum Krokodilfluß

„Wir fuhren weiter an mehreren kleinen Dörfern vorüber über einen niedrigen Sattel der vorerwähnten Bergkette. Das vorwaltende und unterliegende Gestein ist ein feinkörniger, fast dichter blauer Kalkstein, worin sich dünnere Lagen eines weisslichen oder grauen Quarzes finden und wegen ihrer schwierigen Verwitterung deutlich hervorstehen; darüber liegt ein eisenoxydhaltiger Quarzit oder Sandstein, ähnlich jenem in den Pilaans-Bergen. Unter die busch- und baumartige Vegetation derer ich eben Erwähnung that, mischt sich nun Greve mit ihren süsslichen Beeren, von den ‚Boers' als Corinthen bezeichnet, denen sie auch an Geschmack und Form ähneln, sodann der anmuthige duchtblätterige Guarré-Busch.

Einen Fahrweg gab es nun nicht mehr, eine kleine Kuppe in etwa 2 Stunden Entfernung bildete das Objekt, auf welches ich gesteuert werden mußte.

Abb. 21: Nashorn- und Fisch-Zeichnung aus dem Reisejournal von CARL MAUCH (Quelle: Hauptstaatsarchiv Stuttgart)

Auf leicht sich senkendem Boden erreichten wir den Krokodil-Fluss, der hier etwa 120 Fuss breit ist. Ganz in der Nähe nun sollte das letzte ‚ietz‘ sein, von dem mein Naturkundiger in dieser Gegend wisse. Ein kurzer Gang brachte mich in seiner Gesellschaft an eine grosse Quarzader, in der bereits einige Gruben angelegt, aber wieder verfallen waren; schon der Anflug und die Kruste an den hier liegenden Gesteinen zeigte deutlich, dass man es hier mit Kupfererz zu thun habe. Allein mein bergmännischer Führer wollte absolut ein anderes ‚ietz‘ darin finden, besonders wenn er die metallisch glänzenden Stückchen Kupferkies im schön weissen Gestein erblickte. Schlau war er und wahrte sich sorgfältig vor Blamage. Denn niemals bezeichnte er den fraglichen Gegenstand mit dem Namen, den dass Metall oder Erz vom Laien erhalten würde; sein unbestimmtes ‚ietz‘ versetzte ihn nie in Verlegenheit. Um nun einige bessere Stufen für meine anzulegende Mineralsammlung zu erhalten, sprach ich den Wunsch aus, mit dem Kuhfuss einige grössere Gangstücke herauszubrechen. Gern willfahrte er und legte selbst mit Hand an. Als er die grösseren Brocken zerkleinerte und die besseren Stückchen in seine Tasche steckte, kam ihm der Verdacht, dass doch ‚ietz‘ darin enthalten sein könnte, was ich ihm nicht zeigen wollte. Müde von der harten Arbeit mit dem schweren eisernen Instrumente sammelte er nun die reinen Kupferkiesstückchen, die ich wieder weggeworfen hatte, und verschloss sie nachher, sorgfältig in einen baumwollenen Lappen gewickelt, in seiner Wagenkiste. Weiter sprachen wir nicht mehr darüber.“

Auf der Jagd nach Antilopen

„Mehrere Stunden Fahrens am Flusse entlang in nordwestlicher Richtung liessen uns endlich das ersehnte Jagdgebiet erreichen. Auf der mächtig ausgedehnten steppenartigen Fläche, die sich gegen Nordwesten vor uns ausbreitete, zeigten sich mehrere Herden vom Blauen Wildebeest (Catoblepas Gorgon), Springböcke (Gazella Euchore), Kuh-Antilopen (Kaama) und Zebras. Die beiden Jagdwagen wurden in gedeckte Stellung gebracht und ohne Zögern dem Wilde näher auf den Leib gerückt. Nach mehreren vergeblichen Versuchen, sich unbemerkt anzuschleichen, streckte endlich eine wohlgezielte Kugel ein Wildbeest nieder, die anderen ergriffen die Flucht und hielten erst inne, als sie etwa 1 Engl. Meile entfernt waren. Das gefallene Thier wird abgehäutet, in grössere Stücke zerlegt, zu dem Wagen getragen, wo man es in dünne Streifen zerschneidet und zum Trocknen auf Büsche oder niedriger Baumäste hängt. Ähnlich wird mit jedem Stück verfahren und die Jagd solange fortgesetzt, bis endlich die gewünschte Quantität getrockneten

Fleisches (Biltong genannt) vorhanden ist. Weil nun hier keine Jagdgesetze existieren, so holt sich Jeder, der Lust hat, seinen Bedarf an Fleisch, wo und wann er will. Die Häute der erlegten Thiere werden theilweise gegerbt und als Ober- oder Sohlleder zu Markt gebracht, theils noch in rohem Zustand an umherreisende Händler gegen Kleidungsstoffe, Pulver und Blei u. dgl. ausgetauscht.

Wenn man bedenkt, dass Hunderte von Bauern jährlich mehrmals solche Frachten Wildfleisch holen, dass die Eingeborenen, seit sie sich meist heimlich Gewehre erworben haben, das Wild bis in seine verborgensten Schlupfwinkel mit seltener Ausdauer verfolgen, so darf man sich nicht wundern, dass die Jagdgebiete sich verringern und das unaufhörlich verfolgte Wild sich in die entlegensten Gegenden zurückzieht und in nicht gar ferner Zeit Busch und Steppe ihres schönsten Schmuckes beraubt sein werden.

Meinem so oft schon in seinen schönsten Hoffnungen auf Schatzhebungen enttäuschten Jäger schien es nicht mehr recht behagen zu wollen, er trat bald die Rückfahrt nach seiner Farm an und wählte den kürzeren Weg durch den anmuthigen Buschwald über die granitische Höhe zwischen den Pilaans-Bergen und jenen bei Ramakoko. In den Rinnsalen der periodischen Bäche liegen ansehnliche Stücke Amethyst, seltener Feldspathkrystalle mit Magneteisenerz-Körnern; auch findet sich eine Kupferader vor, deren Erz vor noch nicht langer Zeit ausgebeutet worden sein muss, denn es finden sich noch Reste von Schmelzöfen und Bruchstücke von thönernen Röhren und ein Stückchen geschmolzenes Kupfer zeugen davon, dass die Leute es verstanden haben mussten, das Kupfer in reinem Zustand darzustellen.“

Seltsame Gastfreundschaft

„Wenige Tage nach meiner Rückkehr von dieser Partie kam mir das Gerücht zu Ohren, dass ich Gold und Silber gefunden hätte. Keine Betheuerung vom Gegentheil half, je mehr ich mich dagegen verwahrte, um so fester wurde daran geglaubt, fortan blieb ich der ‚Goldsucher‘. In dem Benehmen des Mannes, der mir scheinbar so uneigennützig zur Reise von der Küste nach dem Inneren verholfen hatte und der durch mein aufrichtiges Geständniss, dass von einem Goldfunde gar nicht die Rede sein könne, ebenfalls seine Hoffnungen fehlgeschlagen sah, trat eine Änderung ein, die für den ersten Augenblick von Nachtheil für mich hätte werden können. Feig und charakterlos verschloss er mir eines Abends seine Hausthür, ohne irgend welchen Grund dafür anzugeben; ich war für diese Nacht an die freie Luft gesetzt. Wäre mir nicht von verschiedenen Seiten her bereits besondere Vorsicht angerathen worden, so

hätte dieses Auftreten mich sehr überraschen müssen, so aber war ich gewissermaßen darauf vorbereitet und konnte meine Vorkehrungen treffen, dass ihm keine zweite Gelegenheit geboten wurde, mir die Thür vor der Nase zuzuschliessen. Die zuvorkommende Gastfreundschaft mehrerer Deutschen enthob mich fernerer Verlegenheit und das Anerbieten eines der bedeutendsten Kaufleute in Potschefstroom, der mir gelegentlich eines Besuches in Rustenburg Haus und Tisch angeboten hatte für den deutlich vorauszusehenden Fall, wie er in der That eingetroffen war, entschädigte mich reichlich für den erlittenen Verlust und förderte meine Zwecke viel energischer.

Im Juli 1865, also nach siebenwöchentlichem Aufenthalte, verliess ich in Gesellschaft eines Deutschen, der seitdem zu hohen Ämtern in der Republik gelangt ist, das nette Dorf, um in Potschefstroom, der Hauptort des ganzen Staates, wenn auch nicht Sitz der Regierung, meine kleineren Ausflüge zu mehren."

Auf dem Hochplateau

Heute würde man wohl etwas lässig sagen, daß unserem Reisenden in Rustenburg langsam der Boden etwas zu heiß wurde. Zudem vermitteln die Tagebuchaufzeichnungen den Eindruck, als sei aus MAUCHS Sicht das Terrain nun wissenschaftlich „abgegrast". So waren die Spannungen mit seinem Rustenburger Hausherrn wohl auch willkommener Anlaß, die „Zelte abzubrechen" und über das Hochvelt nach Süden weiterzuziehen.

„Zwischen Rustenburg und Potschefstroom liegt das sogenannte ‚Hohe Feld' mit seinem nördlichen Abfalle, dem ‚Witte Water-Rand' (Weißwasserrand); ich habe dieses hohe Feld wohl zehnmal an verschiedenen Stellen passirt und will deshalb, um Wiederholungen zu vermeiden, ein kurz gefasstes Gesammtbild davon geben. Es ist der höchstgelegene Theil der Republik, in einzelnen Partien wohl 6 000 F. (1 Fuß entspricht 0,33 m) absolute Höhe erreichend, die weiter nach OSO, in der Klipstapelhöhe bis zu 6 328 F. aufsteigt, im Allgemeinen jedoch zu etwa 5 000 F. angenommen werden kann. Indem das Hohe Feld das Gebiet des Limpopo von dem des Orange-Flusses trennt, ist es zugleich die Wasserscheide zwischen dem Indischen und Süd-Atlantischen Ozean. Die Oberfläche ist eine flach wellenförmige Ebene mit nur wenigen Rändern, Hügelketten oder Berggruppen. Welchen Formationen die einzelnen Gesteinsmassen einzureihen sind, ist mir nicht möglich mit unbestreitbarer Sicherheit darzuthun, es fehlen Funde von Petrefakten; trotzdem glaube ich kaum zu irren, wenn ich aus den leichten Abdrücken von Farnwedeln in den oben aufliegenden Sandsteinen am süd-

lichen sanften Abfall des Hohen Feldes nach dem Vaal-Fluss (nahe der Mündung des Zuikerboschrand-Flüsschens) auf Steinkohlenformation und aus den Eigenthümlichkeiten der darunter vorkommenden Felsarten (beobachtbar am nördlichen tieferen Abfall) und ihrer gegenseitigen Lagerung auf ältere als die eben genannte zu schliessen mir erlaube.

Das Urgebirge tritt als Granit und Gneiss zu Tage an den östlichsten Quellflüsschen des Limpopo, daran lagern sich von Norden her und steil aufgerichtet röthlich gefärbte, seidenglänzende, fein geschichtete Glimmerschiefer, darüber stellenweis Thonschiefer, hauptsächlich aber sehr mächtige Quarzite und sandige Grauwackenschiefer. Es lassen sich diese unteren silurischen Gesteine weit nach Westen, bis in den Marico-Distrikt, verfolgen, nur treten hier die Thonschiefer viel mächtiger auf. Graphit- und Chiastolithschiefer sind ebenfalls stellenweis gut entwickelt. Über dieser Grauwackenformation lagert, und zwar auf ungeheure Ausdehnung hin und in bedeutender Mächtigkeit, aber durchweg horizontal, ein bläulicher kieseliger Kalkstein, der dünne oder dickere Schichten von dunklem oder rauchigem Quarze (Flint) enthält. An vielen Stellen ist er in Serpentin von meist gelblicher, bräunlich gestreifter oder gefleckter Färbung umgewandelt, der von der aufkeimenden Industrie zu verschiedenen Gegenständen, wie Tabakspfeifen, Salzfässchen, Leuchtern und dergl. verarbeitet wird.“

Abb. 22: Tafelberge, wahrscheinlich aus dem Gebiet der Drakensberge
Aquarell aus MAUCHS Skizzenbüchern (Quelle: Hauptstaatsarchiv Stuttgart)

Abenteuer in afrikanischen Höhlen

„Eine ganz besondere Eigenschaft dieser Kalksteinformation ist ihr Höhlenreichtum. Auch zeigen sich häufig tiefe, oft umfangreiche Löcher, welche offenbar nur durch Senkung der Oberfläche entstanden sind, nachdem die unteren Lagen ausgewaschen und fortgeführt worden waren. So bildete sich im Jahre 1867 unweit der Wonderfontein eine Senkung gerade da, wo die Hauptstrasse sich befand, so dass diese verlegt werden mußte. Nicht selten bemerkt man aus der Entfernung ein Gebüsch mit Blättern, die von denen der sonstigen Vegetation ganz abweichen. Beim Nähertreten gewahrt man, dass dieses Gebüsch nur der Gipfel eines mächtigen Baumes ist, der in dem Boden der 40 bis 60 F. tiefen Grube wurzelt und ein Vegetationsriese jener Gegenden geworden ist, woran die Paviane auf und ab klettern, um zu ihren Verstecken in Spalten des Gesteins zu gelangen. Wie sehr zerklüftet diese Kalksteinformation ist, davon giebt die Höhle bei der Wonderfontein ein deutliches Zeugniss.

Von dem Besitzer der Farm, zu welcher diese Höhle gehört, erhält man auf Wunsch, seit neuerer Zeit gegen Erlegung von 5 Schilling oder 3 Fl., die Erlaubnis die Höhle zu besuchen, so wie den Führer. Man überschreitet zunächst ein sehr starkes Flüsschen mit ganz klarem Wasser auf einem übergelegten Brette, das die am meisten einander genäherten Ufer miteinander verbindet. Jenseits steigt man einige 20 F. in die Höhe und hält sich dem senkrechten Abfall der zerissenen Kalksteinschichten entlang, bis man nach etwa 10 Minuten Gehens um ein vorspringendes Felsstück herum vor einer kleinen verschlossenen Thür steht, welche den Eingang zur Höhle bildet. Der Führer, gewöhnlich der Sohn des Besitzers, öffnet, das spärlich einfallende Licht erhellt einigermassen den ersten grösseren Raum, zu dem man auf felsiger schiefer Ebene hinabgelangt; jetzt wird das Talglicht in der Laterne angezündet. Im Hintergrunde dieses Raumes ist eine mächtige Felsbank zu gewahren, bei der es nur geringer Anstrengungen zu bedürfen scheint, sie zum Falle zu bewegen; ihr müssten andere folgen und die Höhle wäre natürlich verschlossen.

Man wendet sich links und folgt auf feuchtem Pfade, öfters in gebückter Stellung, einem Gange, von dem aus nach beiden Seiten weitere oder engere Spalten abzweigen, durch welche man sich nicht durchzwängen kann, da sie sich verengen. Hübsche Stalaktiten hängen überall von der Decke herab und glitzern im schwachen Lichte; leider haben frühere Besucher, um ein Andenken an den Besuch der Höhle zu besitzen, oder auch solche, welche reinen Kalk zum Brennen notwendig hatten, diese Schönheiten sehr ver-

unstaltet und diess gab den Beweggrund für den Eigenthümer ab, ein Eintrittsgeld festzustellen. An der Decke des Ganges findet man in kleinen, mit Erde angefüllten Höhlungen oder Vertiefungen Knöchelchen von Fledermäusen. Nach etwa 120 Schritten im gebogenen unterirdischen Gange tönt uns das starke Rauschen eines über Felsen stürzenden Baches entgegen; es ist diess derselbe, den wir zu Tage überschritten hatten.

Bis hierher geht der Führer mit und erlaubt nur ungern, dass der Bach passirt und die Untersuchung der labyrinthischen Gänge weiter fortgesetzt werde. Doch ist er so gefällig, den Muthigen, der sich in die Finsternis weiter hinein wagen will, hier zu erwarten. Ein Versuch, dem Bache selbst zu folgen (man muß sich völlig entkleiden), schlägt fehl an seiner ungleichen Tiefe, den scharfkantigen Felsstücken, dem scharfen kalten Luftzuge und der niedrigen Temperatur des Wassers. Man überschreitet also den Bach und findet sich zunächst an einem mächtigen Schutthaufen aus dunkler Erde und kleinen Steinen. Sich rechts wendend folgt man einem etwas breiteren Gange, umschwirrt von Fledermäusen und Tauben; man ist eine Zeit lang vom Flüsschen getrennt durch einen langen Wall. Man kommt ihm wieder nahe, aber sein Rauschen, verstärkt durch den Wiederhall, betäubt die Ohren, man biegt wieder links in einen Seitengang ab, wo ein kräftiger Luftzug entgegenbläst und das Licht auszulöschen droht. Mehr Spalten finden sich in den 12 bis 16 F. hohen Wällen, die sich meist gegen hinten verengen; endlich bin ich an einer Stelle, wo fast jeder Gang eine Passage erlaubt, muss aber jetzt auch an die Umkehr denken, denn die Unschlittkerze ist nächstens aufgezehrt. Ohne den Faden der Ariadne den Rückweg zu finden, hat seine Schwierigkeiten, die einzelnen Gänge stossen meist rechtwinklig aufeinander und der eine sieht dem anderen bei schwacher Beleuchtung ganz ähnlich. Ich höre nichts mehr vom Flüsschen, die Versuche, zu ihm zu gelangen, führen mich vielleicht weiter und weiter davon ab, plötzlich befinde ich mich in pechschwarzem Dunkel, der dichtesten Finsterniss, mit nutzloser Laterne. Nun ist guter Rath teuer, nun heisst es ‚krabbeln an den Wänden', seine entblösste Gestalt vor scharfen Steinkanten in acht nehmen. Wo soll ich einen Ausweg finden? Darf ich auf Rettung hoffen? Schwerlich! Ich irre noch eine Zeit lang umher, immer die kalte nasse Wand betastend, habe vielleicht noch mehr Gänge durchwandelt oder auch dieselben, – wie konnte ich darüber urtheilen? Da dringt ein Schimmer wie von einem Lichtstrahl senkrecht herab und beleuchtet einige Gesteine auf dem Boden, aber in unberechenbarer Entfernung; freudig dieses Licht begrüssend eilte ich so rasch, als ich eben durfte, darauf zu, blickte nach oben und entdeckte eine Öffnung, die versprach, mich auf die Oberwelt kommen zu lassen; nach Art der Schornsteinfeger erkletterte ich den Felsspalt und erreichte endlich, viele Verwundungen davontragend, die Luke. Auf der Oberfläche angekommen orientirte ich mich bald und wanderte die 350 Schritt Entfernung zurück zum Höhleneingang, wo mein Führer nicht wenig erstaunt war, mich in solchem Aufzug und aus dieser Richtung kommen zu sehen.

Dass das erwähnte Flüsschen einst über den Grund floss, zeigt die thalförmige Einsenkung als Fortsetzung des Thales von der Stelle an, wo es plötzlich verschwindet. Diese Einsenkung ist deutlich in westlicher Richtung bis dahin zu verfolgen, wo es wieder zum Vorschein kommt, eine Distanz von 12 Englischen Meilen. Ganz ähnlich verschwindet das Flüsschen bei Hohlfointein, etwa 2 ½ Stunden weiter nordwärts von Wonderfointein, um nach einem unterirdischen Laufe von 10 Meilen das ‚obere Auge' des Mooi- oder Schönflusses zu bilden, wo im frischen klaren Wasser desselben eine Masse bitterer Wasserkresse (Nasturtium) mir oftmals Gelegenheit gab, das angenehme Kraut mit Salz zu geniessen.

Besonders zahlreich an Höhlen scheint der Theil des Hohen Feldes zu sein, der von dem Winkel eingeschlossen wird, dessen Spitze in Potschefstroom und dessen Schenkel in der Richtung nach Rustenburg und Pretoria laufen. Fast jedes bedeutendere Flüsschen, das dort seinen Ursprung hat, verschwindet für einige Zeit, kommt in größerer Tiefe wieder zum Vorschein und verfolgt in den Grauwackenschichten einen regelmässigen Verlauf.

Diese Kalksteinformation, die ich Devonisch nennen möchte, erstreckt sich, bedeutend sich verbreiternd, bis in den oberen Marico-Distrikt, ja selbst noch bis Littaku jenseits des Hart-Flusses; einige Ausläufer trifft man am mittleren Laufe des Marico und an der Mündung der Schoenspruit in den Vaal-Fluss. Weniger häufig zeigen sich Höhlungen im Westen, doch muss ich auch hier einer merkwürdigen kraterartigen Vertiefung erwähnen, welche stehendes Wasser von bis jetzt unergründeter Tiefe enthält; sie befindet sich am Wege nach Marico und ist ein beliebter Platz zum Ausspannen in der endlosen Steppe geworden, auf welcher die Pfannen häufig austrocknen. Diese Pfannen sind flache Mulden von runder oder auch unregelmässiger Form, in denen sich das Regenwasser lange Zeit erhält, und manche von ihnen sind gross genug, um See'n genannt zu werden. Sie bilden die Tränkeplätze für die ungeheuren Schaaren von Antilopen, die sich entweder beständig daselbst aufhalten oder auch nur zeitweilig sich einfinden."

Bodenschätze

„So einförmig und ungestört diese Formation zu sein scheint, so birgt sie doch gewiss manche Erzschätze; ganz sicher ist Bleiglanz an mehreren Orten nachgewiesen, auch bereits ein Versuch gemacht worden, das reine Metall, welches im Kampfe mit der zahlreichen und wenig freundlichen schwarzen Bevölkerung und bei der Jagd so nothwenig geworden ist und um theuren Preis von den Englischen Häfen bezogen werden muss, im Lande selbst zu erzeugen. Im Quellgebiet des Limpopo wurde von einem Englischen Techniker (?) ein Schmelzofen gebaut, der ganze Prozess des Schmelzens durchgemacht und einige Centner Blei erhalten; der Techniker muss jedoch ein ganz bedeutender Künstler gewesen sein, denn nach Aussage einiger sehr hoch gestellter Beamten der Republik soll der Schlich beim Abtreiben 12 Prozent Silber abgeworfen haben. Warum so ein lukratives Geschäft nicht weiter betrieben worden ist, darüber wird geschwiegen und der Techniker hat beim Goldsuchen in den Niederungen des mittleren Limpopo im Nordosten der Republik sein Leben durch das Fieber verloren, ohne seine wichtigen Resultate der Nachwelt übermacht zu haben.

Auch im Westen birgt diese Formation Bleierze, wie unweit der Quelle des Grossen Marico. Hier scheinen die Wasser viel aufgelösten Kalk mit sich führen, der sich entweder um kleine Quarzkörper als centrum zu kleinen Kugeln absetzt, oder doch poröse Krusten bildet und Schilfrohrstücke verkalkt, so dass die Textur noch deutlich erhalten ist. Krystallisierter Kalkspath ist ebenfalls hier nicht selten, während ich in den östlichen Theilen keine Erscheinungen der angegebenen Art vorfand.“

Pflanzen auf dem „Hohen Felde“

„Die dünne Erdkrume, die sich über den oberen Kalkschichten findet, scheint nur der grasartigen Vegetation besonders günstig zu sein, daher fast durchweg Steppencharakter, doch mangelt es nicht an einigen eigenthümlichen Formen der Pflanzenwelt. Eine Bauhinia, die von ihrer Wurzel an nach allen Richtungen hin schnurgerade Triebe mit Haftwurzeln aussendet, liefert zähe Fasern. Ihre grossen Zwillingsblätter stellen ihre langen Stiele senkrecht nach oben und legen sich bei großer Hitze zusammen; die Blüthen sind gross und schwefelgelb, die Samen nahezu rund, dick scheibenförmig und dienen in Hunger Jahren den Schwarzen zur Nahrung. Ferner trifft man eine Cucurbitacee von gelber Fruchtfarbe und mit weichen Stacheln versehen, die ebenfalls essbar, aber, wie es scheint, nur für Buschmannsgeschmack empfehlenswert ist, so wie einen zwergartigen Ziziphus mit scharfen Dornen

und die für Fussgänger lästige Uncaria (eine Pedalinee). Selten versucht es eine Grewia, zu einem kleinen Strauche heranzuwachsen. Von bedeutendem medizinischen Werthe soll die dicke Wurzel von Elephantorhiza oder Elands-Bohne mit ihren grossen gefiederten Blättern und langen Hülsen sein, jedenfalls dient die Wurzel zum Gerben der Thierhäute und wird dieser Eigenschaft wegen von vielen Bauern ausgegraben.

Von den früher zahllosen Schaaren des Steppenwildes haben sich bedeutendere Reste nur noch in jenen Strichen erhalten, welche wegen ihrer Wasserarmuth noch nicht zu Ansiedlungen tauglich befunden worden sind oder vom Jäger nicht allzu häufig besucht werden; die Zeit ist jedoch nicht mehr fern, wo auch diese Reste verschwunden sein werden, wenn nicht eine rationelle Jagd zu Stande gebracht wird.

Jene Stellen, welche früher von Eingeborenen bewohnt waren und bewässert werden können, sind von den erobernden Boers besetzt worden, welche es nun durch Fleiss dahin gebracht haben, mittelst Anpflanzung von Eucalypte, Salix und verschiedenen Obstbäumen, so wie durch Anlage von Getreidefeldern eine hübsche und ertragsfähige Farm herzustellen. Ihr Feuerungsmaterial haben sie allerings aus mehrtägiger Entfernung zu beziehen, wenn sie es nicht vorziehen, das bekannte Afrikanische Surrogat, trockenen Viehdünger, dazu zu verwenden, anstatt ihn zum Fertilisiren ihrer Felder zu gebrauchen.

Die Umgebung von Potschefstroom muss noch zum ‚Hohen Felde' gerechnet werden, denn sie stimmt in ihrem allgemeinen Charakter mit diesem so ziemlich überein. Die niedrigen Höhen bestehen aus Quarziten oder feinkörnigen Sandsteinen von weisslicher oder röthlicher Färbung und gewähren kleinen Gehölzen aus Akazien Schutz, welche durch ihr beständiges Grün selbst im Winter, wo die Grasflächen ein einförmiges welkes Gelb zeigen, angenehm gegen diese abstechen und im Januar durch den köstlichen Duft aus ihren kleinen, kugelförmigen, goldgelben Blüthen auf stundenweise Entfernung sich bemerkbar machen, ohne dass man sie zu sehen vermöchte. Südöstlich vom Städtchen, etwa 2 ½ Stunden zu Fuss entfernt, ist eine Gruppe von Bergen, die aus einem dunkelgrauen bis schwarzen Gestein bestehen, welches weisse Zeolithe enthält und porphyrartiger Mandelstein zu nennen wäre. Innerhalb der Gruppe ist eine verfallene Mine im Thonschiefer, welche Buntkupfer-Erz führt; es lässt sich nicht ermitteln, wer die Bergleute gewesen sind. Auch tritt in der Umgebung zum ersten Male der Grünstein auf, der sich weit nach Südwesten am Vaal-Fluss entlang erstreckt, bis er endlich in der diamantführenden Gegend seine grösste Mächtigkeit erreicht, nach und nach aber in Textur, Lagerung und accessorischen Mineralien sich ändert."

Das Städtchen Potschefstroom

MAUCHS Reiseziel, das Städtchen Potschefstrom, war zu seiner Ankunft immerhin die Hauptstadt von Transvaal. Interessant, wie er die damaligen Verhältnisse beschreibt. Man befand sich damals, vor 135 Jahren, noch in einer Pionierzeit. Kaum zu fassen, daß diese Region später zum wirtschaftlichen Zentrum Südafrikas wurde.

„Der Name des Städtchens Potschefstroom ist auf eine merkwürdige Weise zusammengesetzt worden; man nahm die erste Silbe von dem Namen eines früheren Führers oder Chefs mit Namen Potgieter, ferner seine Würde „chef", um damit zu bezeichnen, dass die erste Silbe nicht von anderen Personen gleichen Namens genommen worden sei, und fügte zuletzt die Sylbe „stroom" an, weil die Anlage des Ortes am „Mooi-Rivier" (Schöner Strom) geschah. So bezeichnet der Name Potschefstroom eigentlich ein Flüsschen und kein Dorf.

Die Wahl zur Gründung des Städtchens war keine ungünstige in ziemlich offener, etwas erhabener Ebene auf der rechten Seite vom Mooi-Flusse. Ein großer Kanal führt aus diesem bis zum südlichen Ende der Markung den Bedarf an Wasser zu; kleinere Wasserfurchen sind vom Kanal aus an den Seiten der Strassen gezogen, so dass durch Schleusen auch die einzelnen Gärten oder „Erven" leicht bewässert werden können. Um jedoch gutes, kühles Trinkwasser zu bekommen, haben Viele sich Cisternen graben lassen, welche bei 6 bis 12 Fuss Tiefe ein prächtiges Wasser liefern. Die Hauptstrasse ist über 3 Engl. Meilen lang und von ansehnlicher Breite, aber selbstverständlich nicht gepflastert, so dass es keine Seltenheit ist, schwer beladene Wagen nach heftigen Regengüssen mitten in der Straße stecken bleiben zu sehen. Zwei grössere Marktplätze, jeder mit thurmloser Kirche versehen, sind bis jetzt geräumiger, als es der Verkehr verlangen würde. Mehrere stattliche Häuser umstehen diese Plätze und zeugen wenigstens davon, dass ein bedeutender Handel getrieben worden war, der die kaufmännischen Besitzer dieser Gebäude rasch zu reichen Leuten werden liess.

Täglich in der Frühe wird Markt gehalten, es werden die Produkte aus den verschiedenen Distrikten des Landes zur Versteigerung gebracht; da sieht man denn Brennholz, Korn, Mehl, getrocknete Früchte, Orangen, Branntwein, Kartoffeln, Gemüse, Hafer, Sohlen, gegerbte und rohe Häute, Straussenfedern, Wolle, Tabak, seltener Elfenbein.

Die Anpflanzung von Bäumen in den Gärten und vor den Häusern ist von bedeutendem Erfolge gekrönt worden, denn die Trauerweide und Eucalyptus gedeihen vortrefflich.

Von erster Baumart sind 17jährige Exemplare vorhanden, welche einen Stammdurchmesser von 1 ½ Fuss und eine Höhe von 40 Fuss haben; ihre schlanken Zweige hängen gegen das Ende der nassen Jahreszeit fast bis zum Boden herab. Wer es vermochte, hat sein Besitzthum mit einer Mauer aus gebrannten Backsteinen einfassen lassen, minder bemittelte Leute grenzen dasselbe mittels Lehmmauer und Graben ab, die Meisten jedoch ziehen lebendige Hekken aus Quitten, Granatäpfeln, Feigen oder Weiden; die biegsamen Zweige der letzteren werden alsdann ineinander geflochten. Gemüse aller Art können gebaut und Obstgärten angelegt werden, man trifft Äpfel, Birnen, Aprikosen, Pfirsiche. Das Klima scheint der Obstkultur überaus günstig zu sein, denn einige fleissige Kenner erzielen prächtige Früchte; Niemand jedoch giebt sich bis jetzt ernstliche Mühe, veredelte Fruchtsorten einzuführen und zu pflegen; die Sorge ums theure tägliche Brod und das Bestreben, sich in kürzester Zeit ein Vermögen zu erwerben, hält die meisten davon ab, in der angegebenen Hinsicht Opfer an Zeit, Geld und Mühe zu bringen.

Die etwa 1 000 Seelen betragende Bevölkerung theilt sich in Weisse und Farbige. Wie die ersteren verschiedenen Nationen angehören, nämlich der Holländischen, Englischen, Deutschen und Französischen, so trifft man unter den letzteren Basuto, Zulu, Hottentotten, Griqua & c., welche alle gegen Lohn sich verdingen, die Männer je nach ihrer Fähigkeit als Wagentreiber, Viehhirten, Postboten, Gartenarbeiter, Maurergehülfen, Lastträger & c. & c., während die Weiber sich gern zu Köchinnen, Ammen, Wäscherinnen qualificiren. Die Kinder werden oft als Spielgenossen für die Kinder der Weissen in die Häuser aufgenommen, wo sie zu allerlei kleinen Diensten angehalten werden und dafür Nahrung und Kleidung erhalten, ein Loos, das vielen Kindern von Weissen in der Heimath nicht zu Theil wird, in jener Republik aber als Sklaverei verschrieen ist.“

Reisen im Distrikt Marico

In Potschefstrom gerät unser Reisender beinahe zwischen die Fronten politischer Auseinandersetzungen. Er gibt nun „Fersengeld“ und reist nach Nordwesten. Die Reise wird interessant, liefert sie doch neuen geologisch-mineralogischen Stoff. Bald noch interessanter sind allerdings MAUCHS Schilderungen von der Lebensweise der weißen Siedler.

„Bis zum September 1865 weilte ich in Potschefstroom, da aber waren Feindseligeiten ausgebrochen zwischen den Basuto unter dem inzwischen verstorbenen Moschesch und den Bauern von der Nachbar-Republik. Die Transvaaler wünschten aber ebenfalls einen Theil der dabei abfallenden Beute an Hornvieh und Pferden zu erhalten und daher wurde beschlossen, ein ‚Commando‘ aufzurufen und auf den Kriegsschauplatz zu entsenden. Dazu sollte auch ich verpflichtet werden, obwohl ich kein Bürgerrecht genoss. Wie es bei solchen Heerhaufen zugehen und welchem Loose der Uitlander (Ausländer) unter diesen halb civilisirten Bauernjungen verfalle, wurde mir von Vielen mitgetheilt, welche bereits das Unglück hatten, mitziehen zu müssen. Ich zog es dehalb vor, meiner friedlicheren Beschäftigung nachzugehen, und nahm die erste Gelegenheit wahr, um in den Distrikt Marico, nordwestlich von Potschefstroom, zu gelangen, um dort durch beständige Wanderung die Aufmerksamkeit der Behörden von meiner Person abzulenken. Diess gelang mir vollkommen.

Abb. 23: Landschaft im nördlichen Transvaal: Rumpffläche mit Tafelbergen und burischem Gehöft mit Reisewagen
(Quelle: WANGEMANN 1868)

Die Fahrt im Ochsenwagen nach der Farm des schon etwas mehr civilisirten Mannes, der mich mit sich reisen liess, bot kaum Bemerkenswerthes dar, denn das Hohe Feld, von dem ich schon ein allgemeines Bild entworfen habe, musste in nordwestlicher Richtung durchmessen weden und erforderte fünf Tagesreisen. Erst dann, wenn man in jene Thäler kommt, in deren Tiefe man die Thonschiefer unter den Kalkstein zu Tage treten und die starken Quellen des Grossen Marico hervorsprudeln sieht, tritt man ein in die schönen Partien des Distriktes. Jetzt erschienen wieder Busch und Wald, jetzt hat man reizende perennirende Flüsschen anstatt der öden Pfannen; jetzt trifft man wieder auf menschliche Wohnsitze mit ihren fruchtbaren Gärten und Feldern anstatt der steppenartigen Wildherbergen; man erkennt aber auch an allem Anbau und an den meisten Wohngebäuden, wie wenig Fleiss darauf verwendet wird, den Ertrag des Bodens zu mehren oder sich stattliche und bequeme Wohnungen herzustellen.“

Bibel gegen Arbeiten

„Wenn freilich Viele der Bewohner so eigenthümlich fromm und gottesfürchtig sind wie jener im besten Alter stehende Bauer, welcher mit seinem der eingehendsten Reparatur bedürftigen Wagen, auf dem sich nur seine Frau und mehrere zerlumpt aussehende Kinder nebst zwei Feldstühlen, Kaffeekessel und anderen Utensilien befanden, unterwegs sich uns angeschlossen hatte, dann kann man sich über die berührten Zustände nicht mehr wundern. Alle seine Gespräche waren mit Bibelsprüchen gewürzt, ein Beweis, dass er viel Zeit aufs Lesen der Heiligen Schrift verwendet. Besonders des Abends, wenn wir uns gemeinschaftlich um das rauchende Feuerchen, spärlich durch trockenen Dünger genährt, niedergelassen hatten, wenn die Stille der umgebenden Einöde hie und da unterbrochen wurde von dem eigenthümlichen gellenden Schrei oder Schnurren des Gnu oder den schrillen Lauten des Zebra oder dem fernen Brüllen der Löwen, die Zigeunerscene beschienen von dem fahlen Schein der untergehenden Mondsichel, dann war er besonders geneigt, uns seine erstaunliche Bekanntschaft mit der Bibel im Allgemeinen, hauptsächlich aber sein tiefes Verständnis und seine weise Auslegung der Apokalypse Preis zu geben. Wie gefiel ihm doch die letztere! Wie wahr und schön ist doch Alles darin dargestellt! Dass ich sie nicht verstehe, daran ist nur der Mangel an göttlicher Erleuchtung schuld. Ich konnte aber auch aus dem mit seinem Nachbar geführten Gespräche entnehmen, dass er mit seiner Familie darbe und dass daran bloss seine furchtbare Trägheit die Schuld trage. Er fühlte sich durch diese

Aufrichtigkeit durchaus nicht beleidigt, vielmehr hatte er bereits wieder einen tröstenden Bibelspruch bei der Hand. ‚Sorget nicht für den anderen Morgen, was werden wir essen?‘& c. Ruhig liess ich ihn diese prächtige Stelle vollenden, glaubte nun aber, ihm von meiner eigenen Kenntnis der Bibel einen treffenden Beweis liefern zu müssen. Ernst und mit bedeutungsvoller Miene rieth ich ihm, die den Verstand verdrehende Offenbarung Johannis bei Seite zu lassen, dafür aber jene Theile zu lesen und zu Herzen zu nehmen, wo unter anderem gesagt sei: ‚Gehe hin zur Ameise, du Fauler!‘ & c. Dieser etwas derbe Wink schien von ihm verstanden worden zu sein, denn die Conversation wurde plötzlich auf Backsteine gelenkt, die er in allernächster Zeit zum Neubau eines Wohnhauses herzustellen habe, wenn er seine elende Hütte während der folgenden nassen Jahreszeit nicht über seinem Kopfe zusammenstürzen sehen wollte. Wir Beide sind selbstverständlich keine Freunde geworden und es war wohl gut, dass ich diesem Manne nicht irgendwo im Buschfeld unter vier Augen begegnete.“

Die Fettnäpfchen eines Mineralogen

„Als die kleine Karawane am Rande des grossen Kessels angekommen war, worin eine Hauptquelle des Grossen Marico hervorbricht, führte der Weg am inneren Abhang um den Kessel herum nach der entgegengesetzten Seite, wo wir Anstalt trafen, beim nahen Farmbesitzer etwas einzusprechen; unser frommer Begleiter zog es jedoch, wahrscheinlich wegen sehr triftiger, ihm allein bekannter oder wenigstens mir unbekannter Gründe, vor, weiter zu ziehen, wogegen durchaus keine Einsprache erhoben wurde.

Gleich unterhalb des Auges vom Flüsschen steht das Farmerhaus, aus dem der wohlbeleibte Besitzer bereits herausgetreten war, um den Nachbar, in dessen Schutz und Wagen ich reiste, zu begrüssen. Ich war bald dem Hausherrn, der Hausfrau und allen Kindern vorgestellt, begab mich aber nach flüchtigem Grusse und dem unvermeidlichen, bei solchen Gelegenheiten an den Familienmitgliedern der Reihe nach auszuübenden Händedruck wieder hinaus an die Gartenmauer, die aus gebrochenen Kalksteinen aufgeführt war und worin mich Stücke rein weissen Aderquarzes zu näherer Besichtigung einluden. Bald fand ich, dass der verschwenderische Mann einige Bleiglanzstufen verwendte hatte. Ich brach einige Stückchen davon aus und steckte dieselben in die Tasche, wurde jedoch dabei von Jemandem beobachtet. Bis ich wieder in die Stube trat, war die Familie bereits von meinem Berufe als Klipnuiker (Jemand, der an allen Steinen herumklopft) in Kenntnis gesetzt; die ihren Gatten am Embonpoint sehr übertreffende Frau konnte aus solchem Berufe nicht klar werden, witterte jedoch Unrath und schöpfte in raschen Geistessprüngen den Verdacht, ich wollte sie um Haus und Hof bringen. Sie ereiferte sich so sehr, dass sie es über den nach langem Geplauder endlich ganz energisch hervorgeschleuderten Worten, sie wolle ihren Platz nicht verkaufen, sondern darauf sterben und begraben werden, völlig vergass, den üblichen, selbst obligatorischen Kaffee zu reichen. Sie wurde jedoch allmählich wieder ganz zahm, als ihr völlige Freiheit gewährt worden war, sich auszutoben, und als endlich auf eine leichte, aber gut verständliche Weise eine Anspielung auf das beliebte Getränk gemacht worden war, legt sich ihr Groll, sie schluckte den falschen Verdacht hinunter und benetzte zugleich ihre trocken gewordene Zunge. Wir schieden in Frieden von ihr und ihrer zahlreichen Familie."

Ein normales Haus und das Rätsel des „Vortuches"

„Einige Minuten weiteren Fahrens brachten uns über einen auf beiden Seiten steilen Sattel, wir kamen sodann zunächst an dem Hartbeest-Häuschen des erwähnten Frömmlers vorüber zur bescheidenen Hütte meines Begleiters, wo ihn seine junge Frau mit nicht ernstlich böse gemeinten Worten über sein zu langes Ausbleiben empfing. Er wohnte erst seit kurzer Zeit auf dieser Farm und hatte deshalb ein provisorisches Häuschen für sich und seine Frau erbaut. Es hatte zwei Räume, von denen der innere als Schlafgemach diente. Raum ist in der kleinsten Hütte, dachte ich mir, als ich in gebückter Stellung die Thüröffnung passirte; es waren kleine Leute und schien deshalb allen Dimensionen ihren eigenen angepasst zu haben, so dass sich in mir Zweifel erhoben, ob ich denn wirklich während der Nacht unter Dach bleiben könnte. Die allernöthigsten Hausgeräte, wie ein Tischchen, zwei Stühle, ein Feldstuhl, zwei grössere Wagenkisten, die auch als Sitzplätze verwendet werden, füllten nahezu den größeren Raum aus, ein eiserner Topf, ein Kaffeekessel, einige Porzellanschalen standen da und dort im Wege oder guckten hinter den Kisten hervor; auf dem schmalen Gesimse der Fensteröffnung, welche durch ein Stück Canevas geschlossen war, lagen sodann die Geräthschaften für die Reinlichkeit, wie Kamm und Seife und das bekannte ‚Vortuch', dessen Gebrauch ich unten anzugeben haben werde. Die Leute hatten es nicht besser, sie hatten eben erst ihr Familienleben begonnen, einer schwierigen Aufgabe sich unterzogen, wenn Armuth das Erbtheil des Mannes und die Mitgift der Frau ist; allein sie trösteten sich mit der Hoffnung, dass sie durch Fleiss und Beharrlichkeit bald in bessere Verhältnisse treten würden.

Nachdem ich die Nacht ausser Hause im Zeltwagen verbracht hatte, wanderte ich am folgenden Morgen weiter, mit der Absicht, noch am nämlichen Tage die Behausung und Farm eines wohlhabendes Mannes in Klein-Marico, der zugleich Veldcornet war, zu erreichen. Ich war unterrichtet worden, dass die Gegend ziemlich bewohnt sei, besonders in den tieferen Lagen an den Nebenflüsschen des Marico, und dass die Farmer im Allgemeinen freundlich gegen Fremde wären. So marschierte ich denn wohlgemuth, ein entlehntes Doppelgewehr auf der Schulter, über die Höhen, dann und wann die Gesteine untersuchend, bis zum späten Nachmittag, jedoch alle Farmhäuser meidend. Dann aber sah ich mich genöthigt, Erkundigung über Richtung und Distanz des Bestimmungsortes einzuziehen, die mir denn auch bereitwillig und richtig gegeben wurde.

Mit größter Anstrengung erreichte ich endlich kurz vor Sonnenuntergang einige stattliche Gebäude mit gut gepflegten Gärten und Feldern in der Nähe. Das musste mein Ziel sein. Ich trat ein und schritt auf eine runde Frau zu, die eben damit beschäftigt war, Wäsche zu reinigen. Mein plötzliches Erscheinen brachte sie wohl einigermassen in Verwirrung, denn sie sah sich nach der Hausthür um. Ich überreichte ihr einen Brief, der ihr in Holländischer Sprache darthun sollte, dass meine Anwesenheit von keinerlei Gefahr für Land und Leute, sondern im Gegentheil von Nutzen werden könnte. Mit der gemüthlichsten Langsamkeit trocknete sie endlich die Hände, nahm dann den entfalteten Brief, blickte lange hinein, beguckte die andere Seite und meinte dann auf meine Frage, ob sie ihn gelesen und verstanden habe, sie könne schon lesen, aber sie habe ihre Brille nicht bei sich. Doch lud sie mich ein, ins Haus zu treten, sie werde bald nachfolgen. Dieser Weisung folgte ich, begrüsste die Anwesenden in der üblichen Weise, nahm Platz auf einer Bank und versuchte es, mich mit denselben in ein Gespräch einzulassen. Die Kinder jedoch waren eingeschüchtert und zeigten durchaus keine Neigung, mir zu antworten. Der Raum, in dem ich mich befand, war das Hauptzimmer des Hauses; von den sechs Thüren desselben führten zwei einander entgegengesetzte ins Freie, die anderen vier in Nebenzimmer und in die Küche; zwei Fenster erlaubten dem Licht nur, auf der einen Seite einzudringen, ihnen gegenüber waren zwei Schränke in die dicke Backsteinmauer eingelassen, durch deren Glasthüren eine Menge Gläser und Gläschen, Flaschen und Fläschchen, Teller und Schalen mit Goldverzierungen sich unterscheiden liessen. Ein grosser Tisch nahm die Mitte ein und mehrere lange Bänke an den Wänden so wie einige Stühle liessen auf eine zahlreiche Familie schliessen.

Die harte Eiskruste des Befremdens war bald aufgethaut, als die Hausmutter sich ihrer Reinigungsarbeit im Freien entzogen hatte und nun ihren Sorgenstuhl in einer Ecke des Zimmers einnehmen konnte. Der aufgewärmte Kaffee wurde im blank gescheuerten Messingkessel aufgetragen und über einen kleinen, mit glühenden Kohlen gefüllten Behälter gestellt. Sarah, der schwarze weibliche Dienstbote, erhielt nun den Befehl, das „Vortuch“ und die ‚Cummetjes‘ (Schalen) zu bringen; eine Schale ward mit dem ‚Vortuch‘ ausgewischt, der Kaffee hineingegossen und mir überreicht. Verschiedene Fragen, welche die gute Alte an mich richtete, beantwortete ich mit der grössten Freundlichkeit, so dass ihr Muth wuchs und der Verdacht sich verringerte; das Gespräch wurde sogar nach und nach lebhaft. Die Nacht war unterdessen hereingebrochen und Sarah hatte die Unschlittkerzen zu bringen, ein Beleuchtungsmaterial, das von der Hausfrau selbst angefertigt wird. Bereits brodelt es draussen in der Küche, der Tisch wird gedeckt und die übliche Waschung vorgenommen. Sarah stellt eine Waschschüssel mit warmem Wasser vor die Füsse der Hausfrau, das berüchtigte ‚Vortuch‘, ein Fetzen aus einem abgetragenen Hemde oder Betttuch, mit dem zuvor der Tisch abgewischt worden war, auf dem einige Hühner ihre Spaziergänge oder Wettläufe ausgeführt hatten, wird eingetaucht, ausgerungen, damit wird das Gesicht angefeuchtet und abgerieben. So geht es vom ältesten Glied der Familie bis zum jüngsten und dann auch zum Fremden, der natürlich keine besondere Lust dazu empfindet; allein es ist einmal Sitte und ich darf keinen Anstoss geben. Die Procedur beginnt alsdann aufs Neue, und zwar mit den Füssen, dasselbe Wasser und dasselbe ‚Vortuch‘ wird benutzt und dieselbe Reihenfolge beobachtet. Sarah beendet ihre Runde wieder mit dem Fremden; das Wasser ist zwar schon förmlich dick geworden, nur zu! dachte ich und liess meinen ermüdeten Füssen dieselbe Wohlthat widerfahren.

Jetzt wird eine grosse Schüssel mit gebratenem Fleische auf den Tisch gestellt, Brode werden auf einige Teller, welche zuvor mit dem genannten ‚Vortuch‘ gereinigt (?) worden sind, gelegt und Jedes nimmt Platz auf den näher gerückten Bänken und Stühlen. Eins der Kinder spricht das Tischgebet, das man jedoch schon auswendig wissen muss, um es zu verstehen, und nun hilft sich Jedes selbst. Ich erkannte bald, dass es gut für mich war, an das beständige Tragen eines Taschenmessers gewöhnt zu sein, denn ich hatte es nun nicht nöthig, das Fleisch aus der Hand stückchenweise abzubeissen. Beim Essen scheint keine Langsamkeit geduldet zu werden, denn im Nu ist der ganze Vorrath verschwunden. Darauf folgt ein Schüsselchen voll kalter süsser Milch, zu der Brod gegessen

Abb. 24: Affenbrotbaum in der Trockensavanne Transvaals (Foto: B. WIESE, Köln)

wird. Ein ebenso unverständliches Gebet beschliesst das Essen, die Kinder suchen ihre Lager auf, auch mir Ermüdeten wird bald ein solches in einem Nebenzimmer bereitet und die Hausfrau gibt zu verstehen, dass ich mich jeden beliebigen Augenblick schlafen legen könne. Ich zögerte denn auch nicht länger, mich aus der Gesellschaft zu entfernen, aber, o weh! beim Öffnen der Thür meines Schlafzimmers drang mir eine im Übermaass mit Wanzengeruch gesättigte Atmosphäre in die Nase, so dass mir alle Lust verging, unter Dach zu schlafen. Ich mochte nicht einmal den Versuch wagen, von dem bereiteten Lager Gebrauch zu machen, sondern dankte freundlichst für das Quartier im Hause und bezog einen im Freien stehenden Zeltwagen, wo allerdings die Kälte der Nacht und der scharfe Wind meinen Schlaf sehr beeinträchtigten.“

Gast bei einer deutschen Missionärsfamilie

„Am folgenden Morgen nach eingenommenem Kaffee, der in lobenswerther Weise schon vor Sonnenaufgang bereitet wird, verliess ich die Frau, um der Farm eines damals vom Amte enthobe-

nen Missionärs der Hermannsburger Gesellschaft zuzuwandern. Ohne Führer war es rathsamer, den Fahrweg einzuschlagen, obwohl derselbe mehr als die doppelte Entfernung des Fussteiges über die zerklüfteten Sandsteinrücken beträgt. Nach mehrstündigem Wandern aufs Gerathewohl - Wegweiser gibt es nicht und Niemand begegnete mir - entdeckte ich das reinlich aussehende Häuschen mit seinem frischen Grasdache. Bei meinem Anmarsche war ich bereits bemerkt worden und der Hausherr erschien auf der Schwelle, neugierig, was der Unbekannte wohl für Wünsche habe. Ein Deutscher Gruss, dem wenige Worte über meine Person und meinen Zweck folgen, genügte, um das anfänglich in seinen Mienen zu lesende Missbehagen zu verscheuchen; unter herzlichem Händedruck wurde ich ins Häuschen genöthigt und der netten Hausfrau vorgestellt. Das Innere des hellen, freundlichen Zimmers zeugte bis ins Kleinste von der ordnenden Hand der deutschen Hausfrau und die wahrhaft herzliche Aufnahme, die liebenswürdige Zuvorkommenheit liess mich bald heimisch in der Familie werden. Nur Etwas fehlte, sie hatten nichts, weshalb sie sich Vater und Mutter nannten; dieses Glück war ihnen nicht beschieden.

Der aufrichtig gemeinten Einladung, bei ihnen zu bleiben, um meinen Zwecken nachzugehen, leistete ich gern Folge und sagte mit den Ausdrücken dankbarsten Gefühles zu. 16 Tage verweilte ich daselbst, während welcher ich den ganzen Distrikt ziemlich genau kennen lernen konnte.“

Immer neue Abenteuer

„Es fehlte bei meinen Ausflügen von hier aus nicht an kleinen Abenteuern; so verlor ich mich eines Tages in der dicht beholzten Fläche nördlich von der Station, die Witterung war trübe geworden und bei der grossen Ähnlichkeit, welche einzelne Partien der Gegend miteinander hatten, konnte ich die Richtung zurück nicht mehr beurtheilen und sah mich beim hereinbrechenden Dunkel der Nacht genöthigt, zu verbleiben, wo ich mich gerade befand; das Gebrüll einiger Löwen ganz in der Nähe veranlasste mich, der Furcht vor plötzlichem Überfall Rechnung zu tragen, ich erstieg einen dicht belaubten Baum und machte es mir, so viel es eben anging, bequem auf einem breiten gegabelten Aste. In solcher Situation eine ganze Nacht zuzubringen, prägt sich dem Gedächtnis für immer ein. Den folgenden Tag suchte ich wieder vergeblich nach der Wohnung des Missionärs, irrte wieder rathlos umher und erst gegen Abend gelangte ich über einen Bergrücken hinweg, mühsam schreitend, zu einer Farm am oberen Laufe eines starken Flüsschens. An einen Weitermarsch war nicht zu denken und so erbat

ich mir ein Nachtquartier bei dem holländischen Farmer. Nur mit Widerstreben wurde es mir gewährt und wäre nicht ein starkes Gewitter, das erste der beginnenden nassen Jahreszeit, im Anzuge gewesen, so hätte ich wahrscheinlich zum zweiten Male im Freien kampiren müssen. Der Farmer hatte sich ein neues Wohnhaus gebaut und wies mir das alte, baufällige Haus mit morschem, theilweis bereits eingesunkenem Grasdache für die Nacht an, wo ich in einer Ecke noch soviel Schutz fand, um den heftig herabströmenden Regen nicht in voller Kraft zu fühlen. Wackere Schlafgenossen waren in dasselbe Lokal getrieben worden, nämlich einige junge Schweine, eine Entenfamilie, Hühner, ein paar Gänse, die denn auch die ganze Nacht ein jammervolles Concert veranstalteten. Zu dieser Gesellschaft fand sich endlich noch ein Hund ein, der bald mit mir Freundschaft schloss und sich vor dem Regen flüchtend in meine Nähe legte.“

Gastfreundschaft war nicht groß geschrieben!
„Am anderen Morgen, weidlich durchnässt und zitternd vor Frost, erkundigte ich mich rasch nach der Richtung, in welcher die Station liege, lief dahin mit grösster Eile, um mich wieder zu erwärmen, und kam nach dieser gefährlichen Tour hungrig und ermüdet nach mehrstündiger Wanderung wieder an, wo ich mich durch kräftiges Essen und ungestörten Schlaf wieder erholen konnte. Einige Tage später musste ich daran denken, wieder zurück nach Potschefstroom zu kommen; um jedoch die Steppen zu passiren, musste ich anstatt eines verwegenen Marsches zu Fuss eine Fahrgelegenheit wahrnehmen und, um von solcher eher zu hören, mich zunächst wieder zu der Farm zurück begeben, bei der ich zuerst angelangt war. Der schmale, stellenweis unkenntliche Fusspfad brachte mich bald dahin, auch trieb mich ein Gewitter, das jeden Augenblick loszubrechen drohte, zu grösserer Eile an. Ehe ich jedoch die letzte Fläche überschritten hatte, entlud es sich auch wirklich über mir, ein greller, fast blendender Blitz fuhr hernieder, ein betäubender Schlag folgte unmittelbar und nicht 150 Schritt von mir flammte plötzlich das dürre Gras lichterloh auf; der Blitz hatte es entzündet. Ich gestehe, dass es mir jetzt recht unheimlich zu Muthe war, als der höchste Gegenstand in dieser Fläche, mit dem doppelläufigen Gewehr über die Schulter, einen Kompass in der Tasche und eine Menge von Erzbrocken, die ich gesammelt hatte, im Sacktuch, dem Gewitter ausgesetzt zu sein. Ein heftiger Regen fiel hernieder und löschte den entstandenen Brand, der mich bei dem heftigen Winde in Gefahr brachte. Im strömenden Regen erreichte ich bald darauf die Farm und wurde diessmal, weil der

Hausherr daheim wäre, recht freundlich aufgenommen und beherbergt.

Ich erfuhr von ihm, dass schon in den nächsten Tagen eine kriegsgerüstetet Truppe aus dem Distrikte Marico nach Potschefstroom abgehen würde, der ich mich anschliessen könnte. Noch wollte ich ein Stück des Distriktes kennenlernen, hielt mich jedoch diesmal mehr der Fahrtstraße entlang. Anfänglich folgt diese dem Thale des Kleinen Marico bis dahin, wo dieser nach Norden abbiegt und zwischen bedeutenderen Sandsteinrändern verschwindet. Dann führt sie über die Wasserscheide zwischen dem Kleinen und Grossen Marico hinab ins Thal des letzteren. Ich sprach bei mehreren Farmern ein, welche sich jedoch Fusswanderern gegenüber nichts weniger als freundlich zeigten. Der eine schlug mit dem ‚Vagabunden' jeden Imbiss ab, um den ich ihn ersuchte; ein anderer drohte mir mit Erschiessen, wenn ich über sein Eigenthum wandle, um ‚nach Gold zu suchen'(!); ein dritter entschuldigte sich mit zu grosser Armut, als dass er mir auch nur ein Stück Brod geben könnte, trotzdem die Kinder vor dem Hause die Hühner mit ihren Butterbroden fütterten. Ein vierter wies mich zu seinem Nachbar, der nur eine kleine Distanz ‚über dem Built' (Rändchen) drüben von ihm entfernt wohne, in der That brauchte ich aber mehr als zwei Stunden angestrengten Marsches, um zu ihm zu gelangen, so dass es bereits dunkelte, als ich daselbst ankam. Ich bat um Nachtquartier, es wurde mir aber verweigert, weil der Mann nicht zu Hause sei, und so sah ich mich eben wieder genöthigt, mir im Freien ein Lager zu suchen.

Froh darüber, dass die Nacht wenigstens keinen Regen gebracht hatte, wanderte ich bei Zeiten mit nüchternem Magen weiter, entschlossen, nirgends wieder vorzusprechen, bis ich bei der Farm angekommen sein würde, woselbst sich die zum Krieg aufgebotenen Leute einfinden sollten, was mir am späten Nachmittag gelang. Die Erzählung des Erlebten hatte gute Wirkung, ich durfte mich nach Herzenslust restauriren."

Auf dem Kriegspfad zurück nach Potschefstroom

In den Distrikt Marico war unser Reisender ja eigentlich auf der Flucht vor seiner Rekrutierung für die anstehenden militärischen Verwicklungen gekommen. Jetzt bleibt ihm nichts anderes übrig, als mit einer lockeren Kriegstruppe nach Potschefstroom zurück zu ziehen. Die Zeiten waren halt bereits damals schnellebig, vorwärts kam nur der, der sich der ständig wechselnden Situation anpassen

konnte. MAUCH war dazu offenkundig gut in der Lage. Seine Tagebuchaufzeichnungen beweisen es:
„Während der folgenden zwei Tage wurde die Kriegstruppe vollzählig mit 35 Mann, meist jungen Leuten. Einzelne waren beritten, dic grössere Zahl jedoch vertheilte sich auf die fünf Zeltwagen, welche Proviant für den Kriegsschauplatz aufgeladen hatten. Ich befand mich nun unter völlig fremden, rohen, halbcivilisirten Kerlen und durfte daher als Ausländer auf bitterböse Gesellschaft rechnen. Doch es lief günstiger ab, man beachtete mich gar nicht und drei Tage lang, während welcher immer nur wenige Stunden weit gefahren wurde, erhielt ich nicht ein einziges Mal eine Einladung an ihrem Mahle Theil zu nehmen, trotzdem jeden Tag ein fetter Ochse geschlachtet und aufgezehrt wurde; die Nächte hatte ich unter einem Wagen ohne Grasunterlage oder Decke zuzubringen, so dass ich endlich ernstlich für meine Gesundheit befürchten musste. Am vierten Morgen verliess ich diese Rotte und schlug die gerade Richtung durchs Feld nach einem bestimmten, weithin sichtbaren Berge in der Nähe von Potschefstroom ein, erreichte unvermuthet am nämlichen Abend eine Farm, fand gastliche Aufnahme, erhielt richtige Auskunft über den nächsten Weg nach dem Dorfe, welches ich dann auch nach Siebenstündiger weiterer Wanderung betrat, nahezu erschöpft durch die erduldeten Strapazen.

Auf solche Art ein Land zu erforschen, ist schlimmer als Zuchthausarbeit. Nun gönnte ich mir eine mehrwöchentliche Erholung. Bis zum Januar 1866 bot sich auch keine Gelegenheit, eine grössere Tour auszuführen, dann aber lud mich eine kleine Gesellschaft, welche sich mit eigenen Augen überzeugen wollte, was denn Wahres sei an der prachtvoll geschilderten Gegend zwischen dem Limpopo und seinem östlichen Nebenfluss Matlabas, ein, an der Partie Theil zu nehmen.

Die Partie war von ganz untergeordnetem Interesse und ausser der kartographischen Wiedergabe der Route ist kein besonders wichtiges Resultat zu melden. Wir erreichten jedoch den Zweck der kleinen Expedition, indem wir uns mit eigenen Augen überzeugten, wie die Gegend beschaffen war, und es stellte sich heraus, dass mehrere Landspekulanten beabsichtigten, die ihnen daselbst bei einer Inspektion zugefallenen Farmen bald und theuer an den Mann zu bringen, und daher die Ländereien als solche schilderten, wie sie es nicht waren und auch beim besten Willen, mit Anwendung der grössten Opfer und bei beharrlichstem Fleisse noch lange nicht werden konnten.

Mit dieser letzten Reise hatte ich schon ein nettes Stück Land zu Papier gebracht, ich erfreute mich an dem raschen Wachsthum der

Karte und, um einem vielfach ausgesprochenen Wunsche zu entsprechen, machte ich mich daran, mit einem Freunde die ganze Republik kartographisch darzustellen, in der Absicht, die Karte in Kapstadt drucken zu lassen und zu verkaufen. Der zu erwartende Erlös sollte mich in den Stand setzen, astronomische Instrumente anzukaufen, damit ich bei grösseren Reisen mit mehr Sicherheit arbeiten könne. Als aber diese Karte gezeichnet war, gefiel sie mir denn doch nicht und ich machte mir Gewissensbisse darüber, meinen Namen zu Etwas herzugeben, wofür ich nicht einstehen könne, wie es der Fall bei den dargestellten Theilen der Republik war, die ich noch gar nicht besucht hatte. Als dann später die Karte auch sehr schlecht im Drucke ausfiel, zog ich mich mit Erlegung der mich treffenden Unkosten zurück und überliess meine bisherigen Aufnahmen meinem Freund zu beliebiger Verwendung. Er fertigte in Gemeinschaft mit einem Berliner Missionär eine neue an und so entstand die erste Originalkarte der Süd-Afrikanischen Republik, hervorgegangen aus Justus Perthes' Geographischer Anstalt.“

Reisen mit einem Elefantenjäger

Rückblickend betrachtete MAUCH seine bisherige Reisetätigkeit in Transvaal wohl mehr als Vorgeplänkel, als erste Klasse der Reiseschule. Wohl nicht ganz zu Unrecht, bewegte er sich doch in von weißen Siedlern bereits erreichten Gebieten. Nun, 1866, ging es erst richtig los. Mit dem Elefantenjäger HARTLEY drang er nach Norden, über den Limpopo, ins Matebeleland vor.

„Bei der Rückkehr von einer kleineren Jagdpartie an den Limpopo führte mich am 15. Februar 1866 der Zufall mit dem Elefantenjäger Hartley zusammen. Wir hatten nur wenige Minuten mit einander gesprochen, wobei ich ihm meine Pläne und Wünsche einigermassen auseinandersetzte, als er mich einlud, ihn auf seinem nächsten Zuge ins Matebele-Land zu begleiten; dort, meinte er, sei ein Feld der Tätigkeit für mich. Ich bat um Bedenkzeit, kam aber zu dem vorauszusehenden Entschlusse, den aus freien Stücken gemachten bedingungslosen Antrag des berühmten Jägers anzunehmen.

Mit der ersten Reise in seiner Gesellschaft trat ich in die zweite Klasse der Reiseschule ein; mit ihm und von ihm lernte ich die jedem Neuling einwohnende Furcht vor den Bestien der Wildniss verlieren, lernte insbesondere auch, wie man sich gegen die Eingeborenen zu benehmen habe.

Mit Hartley unternahm ich 1866 die erste, 1867 die zweite Reise. Ihre Ausdehnung war sehr bedeutend, denn sie umfassten acht

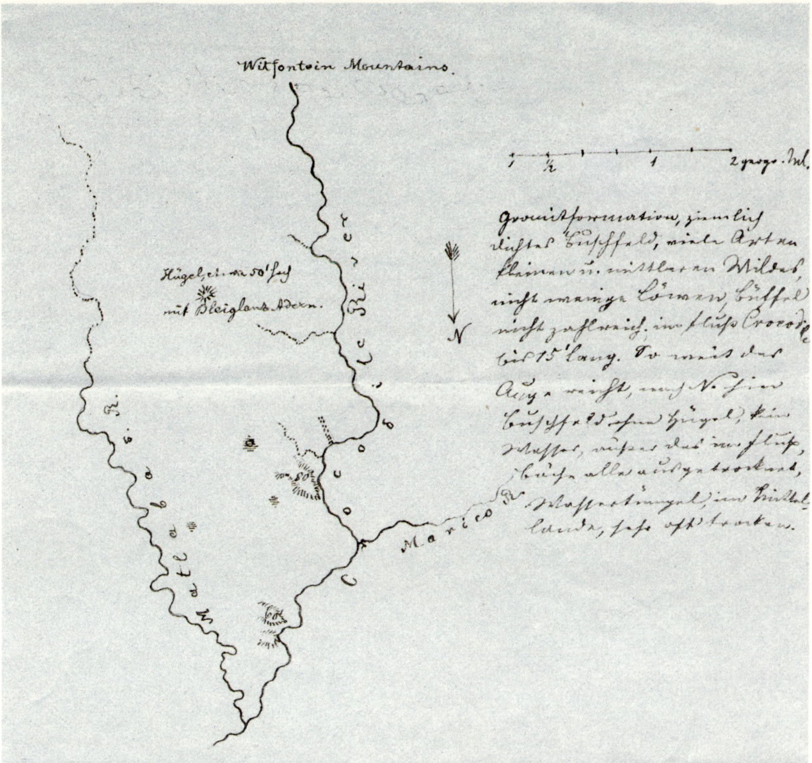

Abb. 25: Routenskizze von CARL MAUCHS erster Reise (aus seinem Brief an AUGUST PETERMANN vom 14. Mai 1866)
(Quelle: Archiv des Justus Perthes Verlages Gotha)

Breitengrade. Als einziges Instrument besass ich einen Taschenkompass. Auf dem Jagdwagen konnte mir nur der geringe Raum für ein Kistchen zur Aufbewahrung des Nöthigsten an Kleidung und Schreibmaterialien zugestanden werden. Im Jagdbezirke angekommen sah ich es weniger als meine Aufgabe an, an der Jagd auf Elephanten teil zu nehmen, obwohl mir auch dieses Weidwerk nicht fremd blieb, vielmehr suchte ich, jede Begleitung vermeidend, die Gesteinsarten, die Vegetation, den Lauf der Flüsse und den Zug der Bergketten kennen zu lernen und aufzuzeichnen. Da die Matebele bis dahin noch Nichts von der Beschäftigung eines Reisenden oder Naturforschers wussten und ich deshalb leicht in den Verdacht hätte kommen können, ich wolle ihr Land ausspioniren, so galt es, die Wachsamkeit der von ihrem Herrscher Umsilikatse der Jagdpartie mitgegebenen Führer zu täuschen, und diess

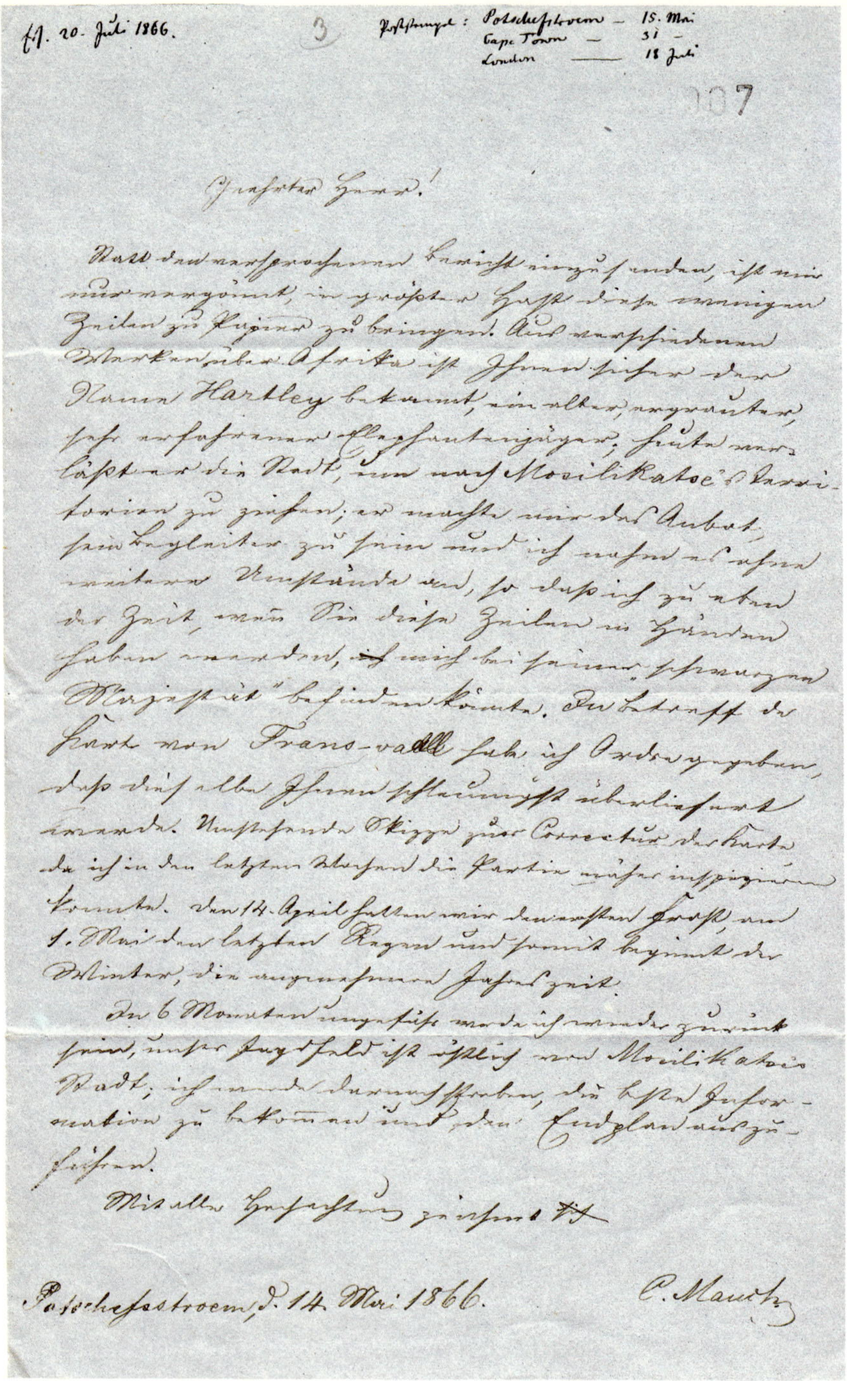
e. 20. Juli 1866.   3   Poststempel: Potchefstroom – 15. Mai
Cape Town – 31 –
London – 18 Juli

Geehrter Herr!

Statt den versprochenen Bericht einzusenden, ist mir nur vergönnt, in größter Eile diese wenigen Zeilen zu Papier zu bringen. Aus verschiedenen Werken über Afrika ist Ihnen sicher der Name Hartley bekannt, ein alter, ergrauter, sehr erfahrener Elephantenjäger; heute verlässt er die Stadt, um nach Mosilikatse's Territorien zu ziehen; er machte mir das Anbot, sein Begleiter zu sein und ich nehme ohne weitere Umstände an, so dass ich zu eben der Zeit, wenn Sie diese Zeilen in Händen haben werden, ich mich bei seiner schwarzen Majestät befinden könnte. Den Abdruck der Karte von Transvaal habe ich Ordre gegeben, dass dieselbe Ihnen schleunigst überliefert werde. Umstehende Skizze zur Correctur der Karte da ich in den letzten Wochen die Partie näher inspiziren konnte. Den 14. April hatten wir den ersten Frost, am 1. Mai den letzten Regen und somit beginnt der Winter, die angenehmste Jahreszeit.

In 6 Monaten ungefähr werde ich wieder zurück sein, unser Jagdfeld ist östlich von Mosilikatse's Stadt; ich werde darnach streben, die beste Information zu bekommen und den Reiseplan auszuführen.

Mit aller Hochachtung zeichnet etc

Potchefstroom, d. 14. Mai 1866.   C. Mauch

Abb. 26: Brief CARL MAUCHS an AUGUST PETERMANN vom 14. Mai 1866
(Quelle: Archiv des Justus Perthes Verlages Gotha)

gelang so vortrefflich, dass ich für geistenskrank erklärt wurde und dadurch gewissermaassen Freiheit behielt, Steine und Pflanzen aufzuheben und wieder wegzuwerfen."

Eine optimistische Zwischenbilanz

Die Reisen mit HARTLEY rechnet MAUCH als einigermaßen erfolgreich ab. Die Entdeckung von Goldfeldern bringt ihn in einigen Zwiespalt. Schließlich siegt die Forscherseele, sind doch seine Ergebnisse inzwischen bekannt geworden und materielle Hilfsquellen zu erwarten. So verbessern sich auch seine materiellen Aussichten, und eine dritte Reise nach Norden wird in Angriff genommen: *„Nach der Rückkehr von der zweiten Reise sah ich mich im Stande, ein Gebiet zu beschreiben und kartographisch darzustellen, von dem man bisher kaum den Namen gekannt hatte. Zugleich konnte ich mit der Entdeckung zweier Goldfelder in die Öffentlichkeit treten. Jetzt aber sah ich mich auch in die Alternative versetzt, entweder die gemachten Entdeckungen auszubeuten und meinem früheren Plane untreu zu werden, oder aber mich zu entschliessen, pekuniäre Interessen hintansetzend in meinen Forschungen fortzufahren. Inzwischen war auch Nachricht von Geldmitteln eingelaufen, die mir aus der Heimath gesendet worden waren. Ich entschloss mich besonders in Hinsicht auf diese Unterstützung zur Fortsetzung der Reisen, anstatt mich an die Spitze einer goldsuchenden Gesellschaft zu stellen, welche mit dieser Aufforderung an mich herantrat. Theils entsprach die Fortsetzung der Reisen meinen wissenschaftlichen Neigungen, theils überlegte ich auch, dass bei den nur oberflächlich angestellten Untersuchungen in den weit ausgedehnten goldführenden Distrikten kein sicher abzuschätzendes Resultat erwartet werden konnte und jeder Versuch, Gold zu graben, lebensgefährliche Collision mit den Eigenthümern des Goldgrundes, nämlich mit den kriegerischen Matebele, bringen musste.*

Ich benutzte die erste sich darbietende Gelegeneheit, nach der Englischen Kolonie Natal zu reisen, um mir astronomische Instrumente und billige Tauschwaaren zu der ersten selbstständig zu unternehmenden Reise zu kaufen, und zwar setzte ich mir die Portuguiesische Handelsstation Zumbo am Zambesi als Ziel, weil ich hoffen durfte, von dort aus am ehesten weiter nach Norden ins eigentliche Centralafrika vordringen zu können.

Während die gangbaren Handelsartikel, Baumwollwaaren, Wolldecken, Messingdraht, Glasperlen u. dgl., auf der westlichen Route,

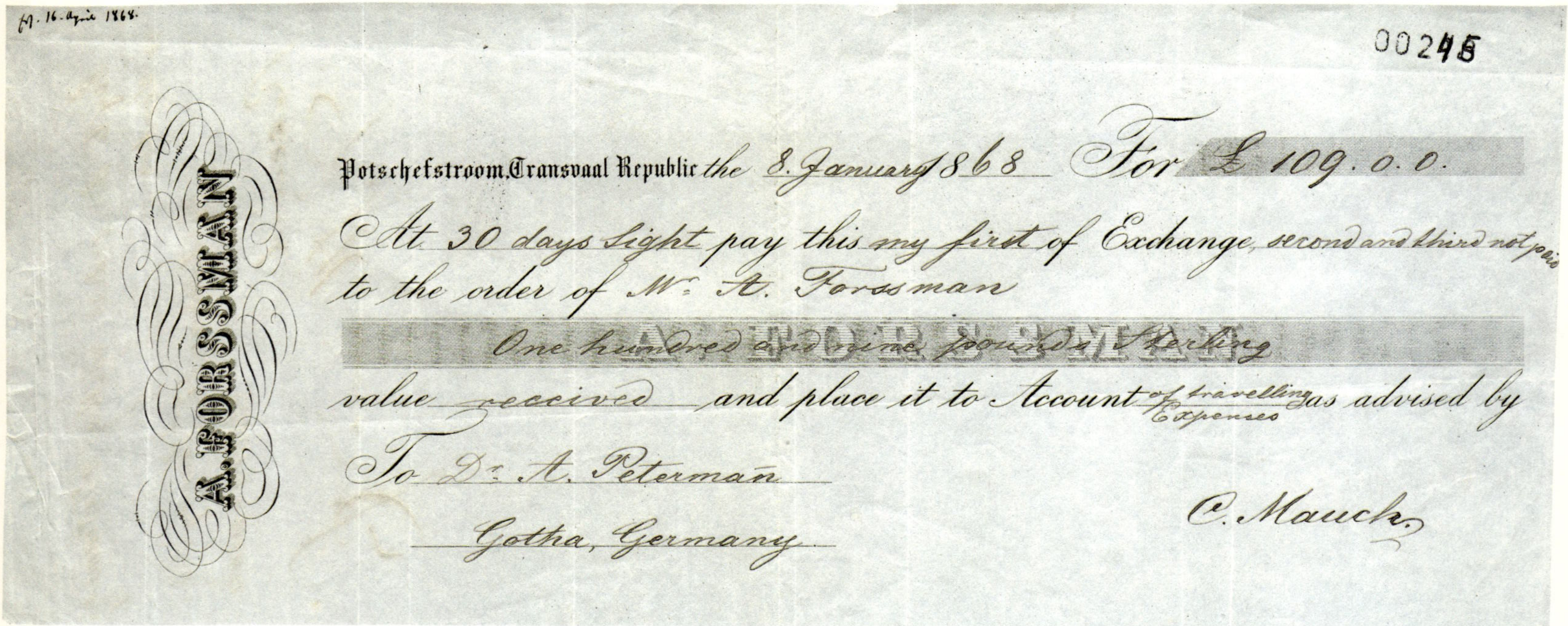
A. FORSSMAN

Potschefstroom, Transvaal Republic the 8. January 1868 For £ 109.0.0.

At 30 days sight pay this my first of Exchange, second and third not paid to the order of Mr. A. Forssman

One hundred and nine pounds Sterling

value received and place it to Account of travelling Expenses as advised by

To Dr. A. Peterman

Gotha, Germany

C. Mauch.

Abb. 27: Wechsel über CARL MAUCHS (Quelle: Archiv des Justus Perthes Verlages Gotha)

auf der gewöhnlichen, von Zeltwagen befahrenen Hauptstrasse zu der Englischen Missionsstation Inyati im Matebele-Land per Achse gelangen sollten, suchte ich auf grossem Umwege durch die östlichen Partien der Transvaal-Republik ebenfalls dahin zu gelangen, aber zu Fusse; es war meistens ganz neuer Boden, den ich betrat. Die Strapazen bei dieser 1868er Reise waren ungeheuer und ich schätzte mich glücklich, als neun gut bewaffnete Krieger der Matebele mich freundlichst einluden, in ihrer Gesellschaft meine Reise zu Umisilikatse, ihrem damaligen Herrscher (der jedoch zwischen dem 6. und 8. September gestorben war), fortzusetzen. Ohne Übertreibung darf ich diese Reise einen dramatischen Kampf mit Hunger und Durst nennen."

Durst, Hunger und Mißerfolg

Seine 1868er-Reise wird für MAUCH zum Prüfstein für sein Durchhaltevermögen. Die Quälerei und Not der Reise fordert ihn allseitig. Am Schluß steht der Mißerfolg mit Umkehr. Nur eiserner Forscherwille und unerschütterlicher Optimismus werden ihn wohl zum Weitermachen veranlaßt haben:

„Die anhaltenden Hochflächen, ohne Wild, ohne Holz um sich jenes als Kost zu bereiten oder durch dieses sich bei nächtlicher Kälte am flackernden Feuer zu erwärmen, ohne zur Rast einladende Bäume, die ganze Gegend mit schwarzem Trauerflor (verbranntes Gras, der Verf.) bedeckt, von wenigen, dem Fußreisenden abholden Bauern bewohnt, genöthigt, mit dem Nothwendigsten zur Reise sich selbst zu beladen - Faktoren, die Jedermann das Ende erwünscht sein lassen. Diese Hochflächen liegen zwischen 7 und 8 000 Fuß über dem Niveau des Meeres, haben mit denen des südlichen Freistaates Alles gemein und sind das Quellgebiet aller großen Südafrikanischen Flüsse.

In jenen Tagen der Noth däuchten mir ein Stückchen kaum verdaulichen Büffelfells, einige kleine, ohne Salz in Wasser gekochten Fischchen, die ich in seichten Tümpeln fand, prächtige Leckerbissen; gerieth doch einer meiner fünf Begleiter auf den Einfall, die Sandalen, die er seit zwei Tagen an den Füßen getragen hatte, mittels Rösten am Feuer und Hämmern zwischen den Steinen mundgerecht zu machen. Als einen glücklichen Fund sah ich damals die Früchte einer Leguminose (Canavallia) an, ich sammelte eine ziemliche Quantität ihrer beinharten Bohnen, kochte sie lange und trotzdem sie nicht weich werden wollten, fing ich an, sie zu geniessen, und überliess einen Teil davon meinen Begleitern, die denn

Abb. 28: Matebelekrieger, zeitgenössische Darstellung (Quelle: Ratzel 1885, S. 412)

auch wacker darauf los assen, aber schon nach wenige Minuten erfolgte bei uns allen ein heftiges Erbrechen, eine noch gnädige Strafe für meine Unvorsichtigkeit. Diess wurde für mich eine Lehre, nie wieder auf solche Weise die medizinische Wirkung einer unbekannten Pflanze zu erproben.

Mit dem Eintreffen der Matebele-Horde hörte jedoch alle Noth auf. Schon am dritten Tage nach der Begegnung mit derselben betraten wir fruchtbaren Boden im Lande der Makala. Diese Leute, von den Matebele als Sklaven angesehen, mussten uns ohne irgend welche Entschädigung Erdmandeln, Bohnen, Reis, Hirsenmehl u.

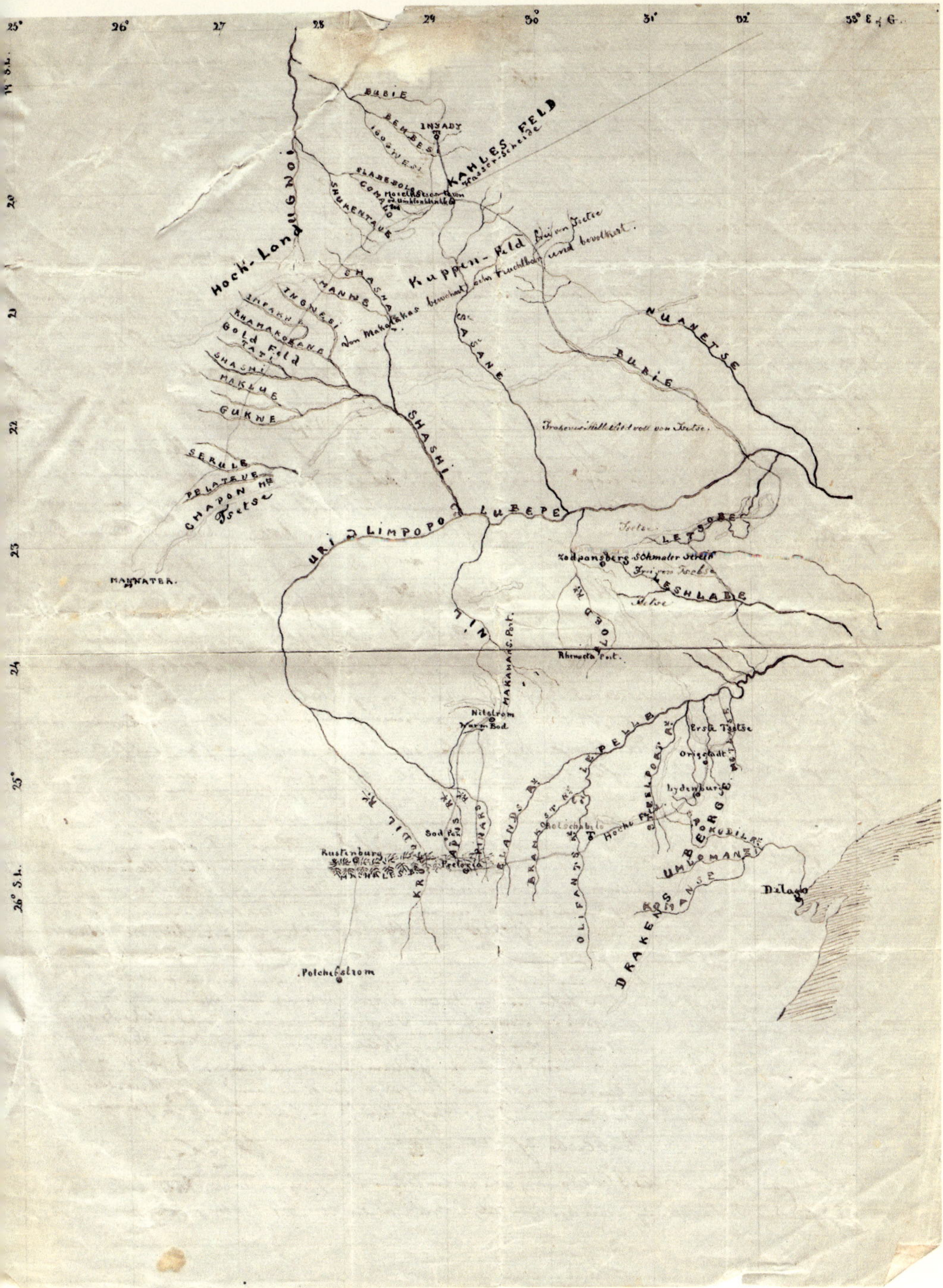

Abb. 29: Routenskizze von Carl Mauchs dritter und vierter Reise (Quelle: Archiv des Justus Perthes Verlages Gotha)

Petermann's Geographische Mittheilungen
27
28 Östliche Länge von Greenwich 29
18
19
20
21
22
M A S C H O N
M A T A B E L E
M O S I L I K A T S E S R
M A K A L A K A
M A T S C H E N
Inyati (Missionsstation)
Matlokotlolo
Von Transvaal Republ. beanspruchte Nordgrenze
Makarikari (Salzsee)
Kaal Field
Kulekulee
Doro Gebirge
Uhlahlanklela
Umtegan's Stadt
Madumumbela Berge
Tscharibe Bge
Linguapa Berge
Limpopo
Moschesclu Bge
Mosenye B.
Kolobeng B.
Masiloye B.
Grenze der Tsetse Fliege
Zoutpansberg
Tschopo Berge
Sinamane
Lohala B.
Chapman Aug. 1852
Chapman Sept. 1854
K. Mauch 1869
Wood 1868

Jahrgang 1870. Tafel 1.
S E N N A
B A R U E
Q U I T E V E
S O F A L A
Q U I S S A N G A
D U M A
M A S C H A N G A
M A D A N D A
B U T O N G A S
B A H L O E K W A
ODER
M A K W A B A
A N Y A I
M A L O I O S
B A R O M A P U L A N A
Gorongosa
Sungue
Sanda
Moros
Manica
Revue
Bandira
Zanvi
Inhamuticume
Inhaoxo
Tusse
Schirondo
Ussoma
Mandere
Macasane
Goanha
Donde
Amparo
Sofala
Mutambanhe
Maringa
Mambone
Zaniro
Pambango
Sabia
Schilaula Gebirge
Isimunle Berge
Salakas And. Woods östlichster Punkt 1868
Grenze der Tetse Fliege
Nuanetsi od. Wanetsi
Limpopo od. Lehempe
Mit Kalktrap gemischte Sandstein
Granitähnlich verwitternde Sandsteine
Sandstein mit Muschel & Schnecken Eindrücken
Munhambongo See
Umkokinyune
Tschukuneta
Makabele
Zamokazi
Bubye
Maschambo
Madiacune
Schimueta

M A T S C H E N
S E K H O M I
B A M A N G W A T O
B A K H A T L A
S E T S C H E L I' S
T R A N S V A A L R E P U
Limpopo
Tscharibe Bge
Siloquana Berge
Schuschong
Tschopo Berge
Marakalata B.
Morati Berge
Mosenye B.
Moschescha Bg
BAMAPELA
Hanglip Berge
Hanglip
Marabas Land
Zoutpansberg
Bethesda
Potgieter's Rust
Makapan's Poort
Nylstroom
Water Berg
Kranz Kop
Warmbad
Rustenburg
Pilands Berge
Magalies Bergen
Pretoria
Witwater Rand
Potschefstroom
Klerksdorp
Heidelberg
Roode Koppen
Zuikerbosch Rand
Kahle Hochflächen
Seerust (Little England)
Marico
Grosses Plateau, ungefähr 6000 Fuss ü. Meeresniveau
Veldt
22
23
24
26
27
28
29
30
Bearb. & autogr. v. Fr. Hanemann, Terrain v. Breithaupt
GOTHA: JU

Abb. 30 (S. 110–113): Karte mit der Darstellung von CARL MAUCHS dritter (Juli bis Oktober 1868) und vierter (1869) Reise im Maßstab von 1 : 2 000 000 (Quelle: PGM 1870, Tafel 1)

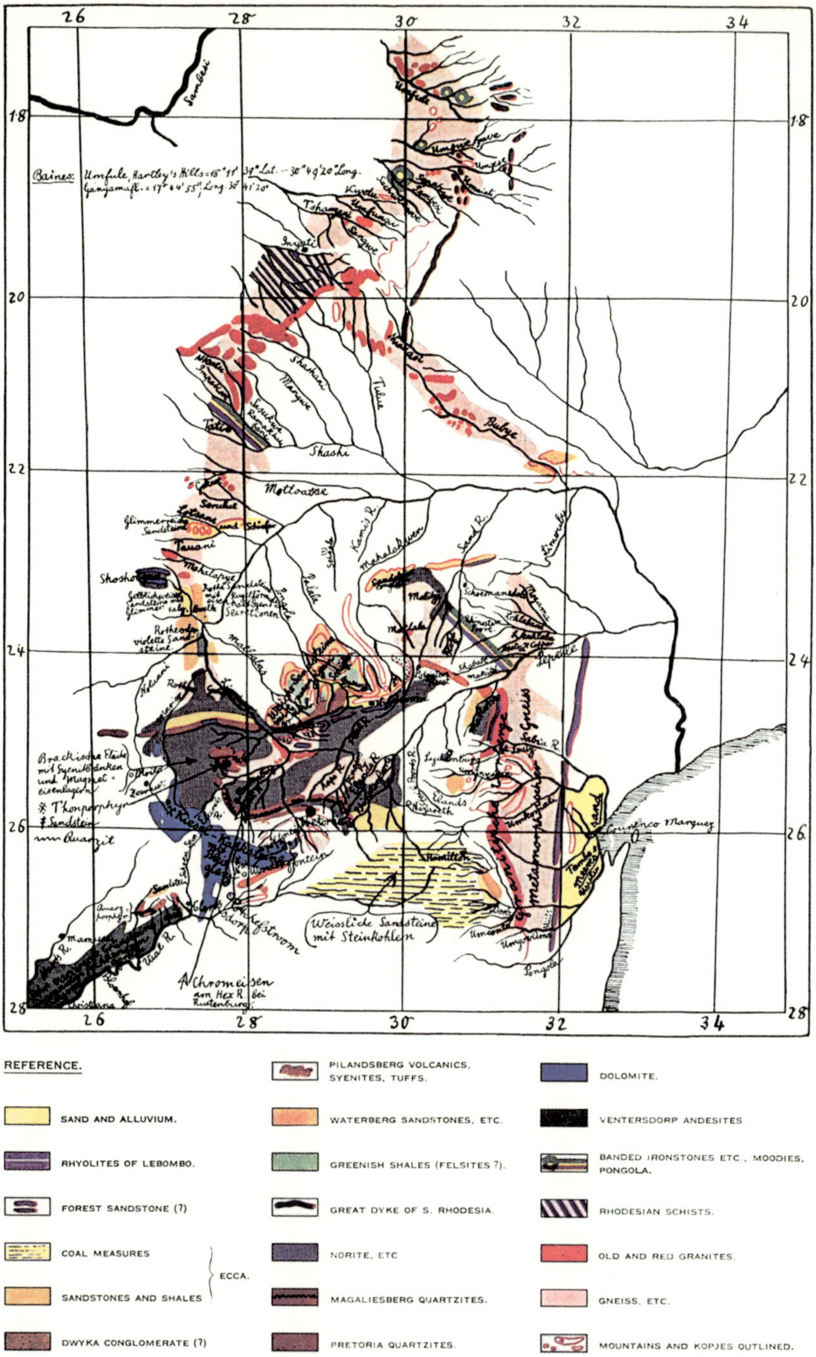

Abb. 31: Erste geologische Karte von Transvaal und Rhodesien von CARL MAUCH, publiziert 1935 (Quelle: ROTHER 1976)

dgl. in Menge bringen und das fand Statt in jedem Dörfchen, bei welchem wir Abends unser Lager aufschlugen. Endlich an der Missionsstation angekommen wurde ich in meinen Ausflügen genau überwacht und obwohl mir auch grössere Streifpartien erlaubt wurden, sah ich doch, dass ich hier keine Gelegenheit hatte, von meinem verlängerten Aufenthalt Vortheil zu ziehen. Sechs Monate währte diese traurige Zeit der Freiheitsbeschränkung und weil durch unverzeihliche Nachlässigkeit meines Bekannten in Potschefstroom meine Güter nicht spedirt waren, that sich auch nirgends eine Thür auf, die mir eine Fortsetzung der Reise nach Norden ermöglichte. Ich musste nach Süden umkehren, was ich in Gesellschaft mehrerer Englischer Händler that."

Nach Gold nun Diamanten

Wohl auch in der Hoffnung, seine materiellen Verhältnisse zu verbessern, treibt es MAUCH in die Diamantfelder von Transvaal. Der materielle Erfolg bleibt aus, der wissenschaftliche Ertrag ist beträchtlich. Neue Wege zu alten Zielen im Norden werden in Angriff genommen.

Abb. 32: Heutige Ansicht vom Big Hole in Kimberley, der berühmtesten Diamantenlagerstätte der Welt (Foto: B.WIESE, Köln)

Petermann's Geographische Mittheilungen, Jahrgang 1871, Tafel 11.
NATAL & ORANGE-FLUSS-FREISTAAT &
MIT DEN
DIAMANTEN-FELDERN.
Zur Übersicht der Aufnahmen von Adolf Hübner, Karl Mauch, Eduard Mohr
von A. Petermann.
Maassstab 1:1400000
Englische Meilen
Deutsche geographische Meilen
Höhen in Englischen Fuss.
Itinerare.
Adolf Hübner, 1870
Karl Mauch, 1870
Thomas Baines, 1869
Vincent W. Erskine, 1868
Hardeland, (Miss. Superint.) 1851
J. Sanderson, 1851
H. M. Dyke, 1844
Städte
Dörfer
Missionsstationen
Gehöfte oder Farmen von Europäern
Kraale oder Dörfer der Eingeborenen
Quellen
Diamantenfundorte
Beacon = Grenzmarke (Steinpyramide)
Drift = Flussübergang
Fontein = Quelle
Kop. Kopje = Kopf, Gipfel
Pan = Pfanne
R. Rivier = Fluss
Spr. Spruit = Bach
DIAMANTE
FELD
T R A N
DIAMANTENFELD
CAMPBELL GROUNDS
Diamanten Gruben (Diamanten Hügel)
Hebron
Klip Drift
Pniel
Plaatberg
Jacobs Kraal
Zandpans Drift
Bushof
DIAMANTEN
Modder Rivier
Paardberg
Jakobsdal
Dreifontein
Klipdrift
Malaraa
Massau
Johannis
Sandstein Hügel
Harts Rivier
Vaal

Östliche Länge 27 von Greenwich
POTSCHEFSTROOM
Krügers Farm
Schoeman's Drift
Wood's Drift
Commando Drift
Hoffman's Drift
Janssen
Rhenoster Rivier
Rhenoster Kop
Kroonstad
Oosthuysen
Roos Farm
Blauw Kopje
Kopje Alleen
Mopororo Berg
Sand Rivier
Bethlehem
Clerk & Pullyens store
Masiloisme B.
Wynburg
Diamanten
Korannaberg
K.B.R.Beacon
Sekonvella's Hood
Lot's Pillar
Governor's Kop
Molappo
Mequatling
Modder Poort
Ratabane
MOROKA'S LAND
(BAROLONG)
BLOEMFONTEIN
Thaba Unschu
Plaatberg
Cathcart Drift
Berea Berge
Jackson Drift

Abb. 33 (S. 116/117): Natal und Orange-Freistaat mit den Diamantfeldern (Quelle: PGM 1871, Tafel 11)

„Mittlerweile waren die einzig in ihrer Art dastehenden Diamantfelder an der Vereinigung der beiden Hauptquellflüsse des Oranje-Stromes entdeckt worden und neben dem geographischen Interesse trieb mich auch die Hoffnung auf einen glücklichen Fund, sie aufzusuchen; ein gewerbsmäßiger Diamantsucher war ich aber nicht und wollte es auch nicht werden. Da Fortuna mir nicht günstig war, kehrte ich der Gegend den Rücken und entschädigte mich durch ein Tour nach den mittleren Partien der Transvaal-Republik, wo ich Gesteinsformationen entdeckte, die mir die Vermuthung ergaben, dass sie goldführend seien, eine Vermuthung, die sich seitdem bestätigt hat.

Nun folgte eine zweite Reise nach den Diamantfeldern, wobei ich in der kartographischen Zeichnung des mittleren, damals noch als südwestliche Grenze von Transvaal angenommenen Hart-Flusses Berichtigungen vornahm. Mehrfache Versuche, Diamanten von Eingeborenen zu erhandeln, zerschlugen sich an den fabelhaft hohen Forderungen; so wurde für einen kleinen, nicht einmal reinen Diamanten von 2 bis 3 Karat ein Zeltwagen mit den dazu nöthigen Zugthieren verlangt, für einen anderen von 68 Karat, aber irregulärer Form und ganz grünlich und flockig, 100 Stück Rindvieh, einen Werth von etwa 250 Pf. Sterling repräsentirend. An eigenes Graben nach den theuren Kleinodien konnte ich auch diesmal der nur kurz aufwendbaren Zeit wegen nicht denken und ich verliess die Felder ein zweites Mal unbefriedigt."

Abstecher nach Osten

Heute würde man Mauch wohl als dynamischen und flexiblen, an jede Situation anpassungsfähigen Menschen bezeichnen. Was allerdings blieb ihm auch angesichts seiner eingeschränkten materiellen Verhältnisse übrig. Reisepläne wurden umgeworfen, wenn sich günstige Mitreisemöglichkeiten ergaben. Statt – wie ursprünglich geplant – nach Norden, führte MAUCHS nächste Reise an die damals portugiesische Südostküste Afrikas, weil er die Gelegenheit hatte, eine Delegation dorthin zu begleiten. Der Weg führte von Potschefstroom über Lydenburg und die Drakensberge. Die Reise war mit außerordentlichen Schwierigkeiten verbunden. Vielleicht auch deshalb ist uns nur wenig wissenschaftliches Material davon überkommen.

„So war der Februar 1870 herbeigekommen. Eine in Potschefstroom anwesende Portugiesische Deputation, deren Zweck war, mit der Transvaal-Regierung einen Grenz- und Handels-Vertrag abzuschliessen und über einen Fahrweg von der Republik nach der den Portugiesen gehörenden Delagoa-Bai (beiläufig gesagt, dem besten Hafen Süd-Afrika's) Vereinbarungen zu treffen, wünschte, dass ich, anstatt direkt durchs Land der Makalaka dem Zambesi zuzusteuern, vorerst einen Abstecher nach der Delagoa-Bai, resp. Laurenco Marques (heute Maputo in Mocambique – der Verf.), mache. Ich willigte ein und brach in Begleitung eines Mitgliedes der Deputation dahin auf, indem wir den Weg über die kurz zuvor gegründete Kolonie Neu-Schottland im Südosten der Transvaal-Republik nahmen.

Aufs Freundlichste vom dortigen Gouverneur empfangen und im Hause aufgenommen widmete ich den dreiwöchentlichen Aufenthalt daselbst theils kartographischen Arbeiten, theils Besuchen der Umgegend, unter andren der jetzt in Besitz der Engländer gekommenen Insel Inyak, des Schlüssels zur Bai. Zum ersten Male hatte mich das Wechselfieber ergriffen und zwar in Verbindung mit einem unfreiwilligen Radikalfasten von 8 Tagen Dauer.“

Auf dem Wege nach Norden

Die Strecke von Lydenburg, MAUCHs Ausgangspunkt nach Inyati betrug etwa 500 engl. Meilen, das sind ca. 800 Kilometer.

Diese Reise war offenbar eine Unternehmung der Probleme, mit viel Sorgen und Hunger. So nimmt die Beschreibung dieser Dinge großen Raum in MAUCHS Berichterstattung ein.

Ärger mit den Helfern stand am Beginn. Vier sollten es sein, drei kamen, und einer beschädigte beim Führen des Packochsen das Gepäck, hielt dies für eine schlimme Vorbedeutung und verabschiedete sich wortlos. Da waren es nur noch zwei! Beim nächsten Häuptling kam einer dazu und am 1. August noch zwei Knaben 12 und 14 Jahre alt. Ihr Vater hatte sie wegen der herrschenden Hungersnot mitgegeben. Am 9. August verlor MAUCH wieder einen Begleiter, weil er ihm das Hanfrauchen verboten hatte.

„So verblieben mir also fünf Leute, von denen freilich kein einziger mit der Gegend oder den Stämmen, die wir besuchen wollten, bekannt war und die nur nothdürftige Dolmetscher abgaben.“

Mit seinen auf dieser Reise mitgenommen Transporttieren (siehe Kapitel „Träger“) hatte MAUCH ebenfalls nicht viel Glück. So *„blieb für mich und meine Leute nichts Anderes übrig, als selbst*

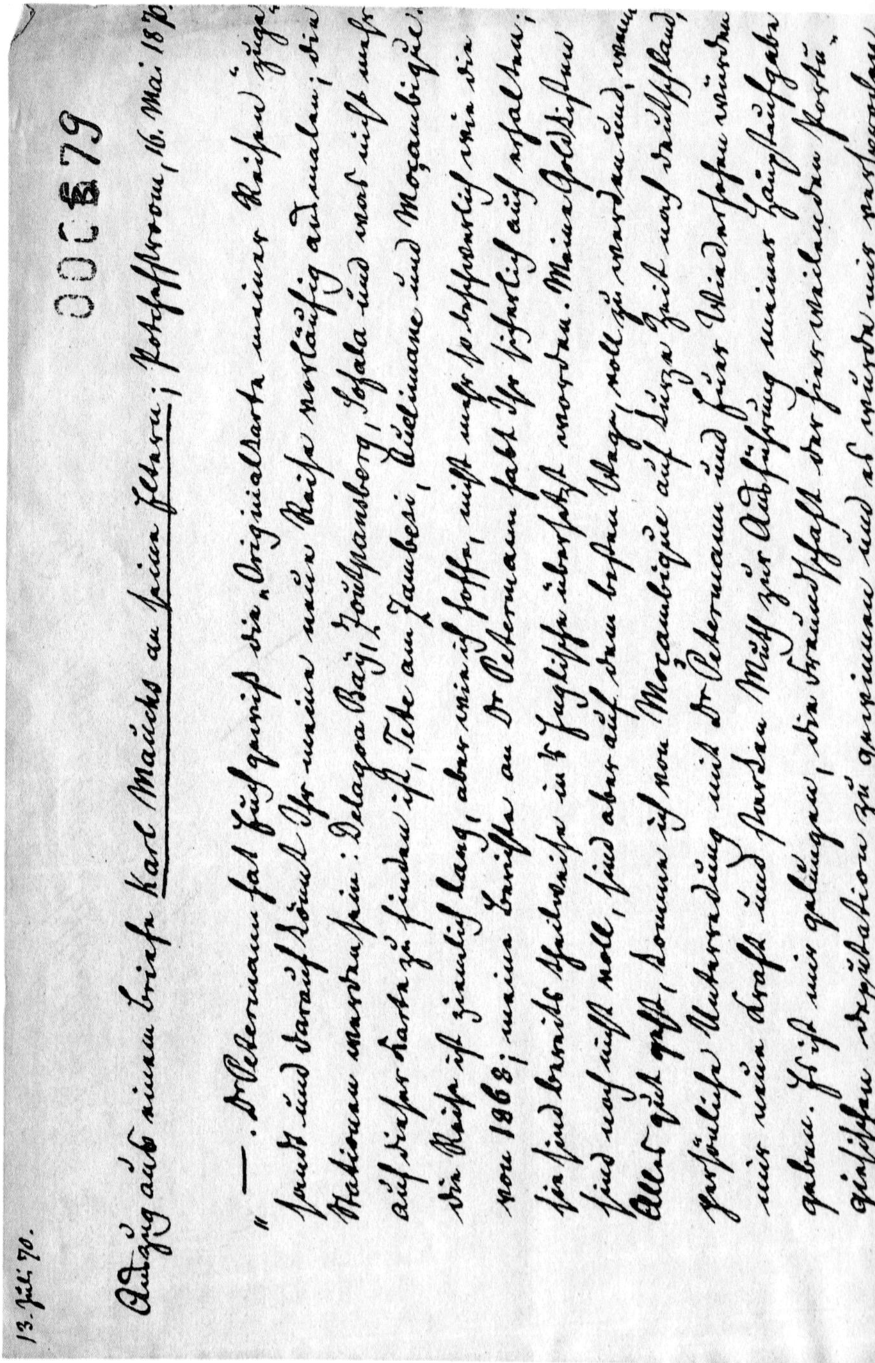

13. Juli 70.

Auszug aus einem Briefe Karl Mauchs an seine Eltern; Potchefstroom, 16. Mai 1870.

„—. Dr Petermann hat Euch gewiß die „Originalkarte meiner Reisen" zugesandt und darauf könnt Ihr meine neue Reise vorläufig ausmalen; die Stationen werden sein: Delagoa Bay, Zoutpansberg, Sofala und was nicht mehr auf dieser Karte zu finden ist, Tete am Zambesi, Quelimane und Moçambique: die Reise ist ziemlich lang, aber wie ich hoffe, nicht mehr so beschwerlich wie die von 1868; meine Berichte an Dr Petermann habt Ihr sicherlich auch erhalten; sie sind bereits theilweise ins Englische übersetzt worden. Meine Goldkisten sind noch nicht voll, sind aber auf dem besten Wege, voll zu werden und, wenn Alles gut geht, komme ich von Moçambique auf kurze Zeit nach Deutschland, persönliche Unterredung mit Dr Petermann und Euer Wiedersehen würden mir neue Kraft und starken Muth zur Ausführung meiner Hauptaufgabe geben. Es ist mir gelungen, die Freundschaft der hier weilenden portugiesischen Deputation zu gewinnen und es wurde mir versprochen,

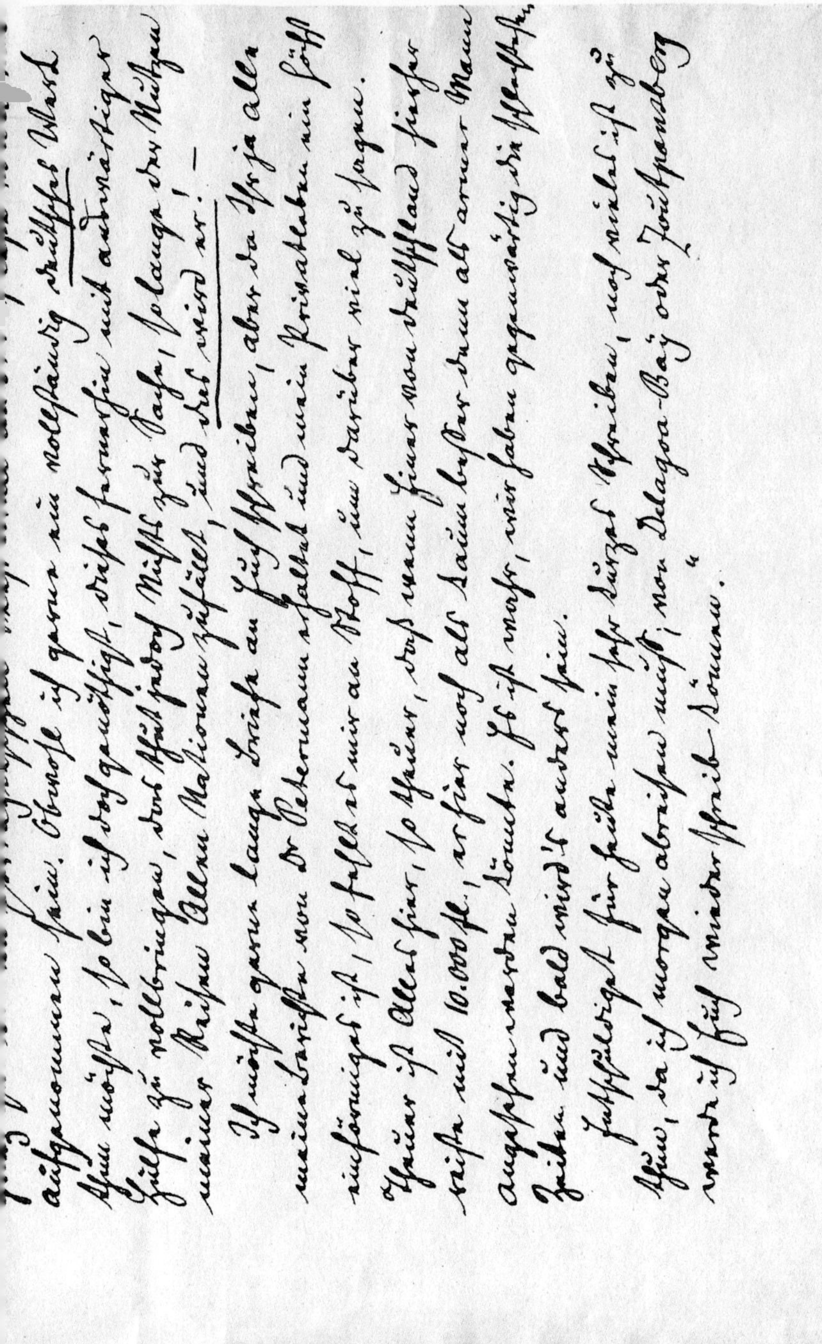

Abb. 34: Auszug aus einem Brief CARL MAUCHS an seine Eltern; Potschefstroom, 16. Mai 1870: Abschrift von AUGUST PETERMANN (Quelle: Archiv des Justus Perthes Verlages Gotha)

Abb. 35: Ostafrikanische Landschaft mit Schirmakazien
(Quelle: WARBURG 1916, Tafel vor S. III)

Packthiere zu spielen; weitere Eingeborene zu miethen, gelang mir nicht. Mit je 40 Pfund Last, ich selbst nicht ausgenommen, fielen wir, etwa 125 Engl. Meilen von Inyati entfernt, in die Hände einer umherziehenden Bande, die uns als Gefangene mit sich führte und uns Tag und Nacht auf das Strengste bewachte, so dass mir die Beobachtungen theils erschwert, theils unmöglich gemacht wurden."

Hinzu kam noch, daß das Land vom nördlichen Ende der Drakensberge bis zum Häuptling Malingele am Bubye-Fluss, also auf einer Strecke von etwa 300 Engl. Meilen gerade von einer unheimlicher Trockenheit heimgesucht wurde. Die Eingeborenen ernährten sich von Baumfrüchten, Gras- und Zwiebelwurzeln. An die Reisenden konnten sie fast nichts abgeben. Das Wild war aus diesem Landstrich geflüchtet. Die Hühnervögel waren an ihren Trinkplätzen gefangen und selbst kleine Fische in stinkenden Wasserlöchern ausgerottet worden.

Nach seiner Rückkehr nach Transvaal bereitete MAUCH im Frühjahr eine neue Reise von Potchefstroom über Pretoria in Richtung Norden vor. Er wollte über Nylstroom in Richtung Äquator marschieren. Die Kämpfe zwischen Buren und den ansässigen Schwarzen im nördlichen Transvaal zwangen ihn jedoch zu einem Kurswechsel in Richtung Osten zum Indischen Ozean.

So kehrte er nach einigen Tagen Aufenthalt in Nylstroom wieder nach Pretoria zurück. Bei dieser Reise konnte CARL MAUCH erstmals astronomische Breitenmessungen durchführen.

Auf dem Wege nach Norden

Von Pretoria aus ging es wieder in Richtung Nordosten, zunächst nach Botsabelo, nahe dem heutigen Middelburg. Dort traf er den Missionar ALEXANDER MERENSKY von der Berliner Missionsgesellschaft. Dieser warnte ihn, ebenso wie später NACHTIGAL in Lydenburg, nach Mosambique zu reisen. Doch MAUCHS Ziel waren ohnehin die rätselhaften Ruinen, ägyptische Altertümer, wie er schrieb, und so blieb es bei dem bereits oben beschriebenen „Abstecher" zur Delagoa-Bai am Indischen Ozean:
„Das Dörfchen Lydenburg ... liegt recht anmutig im breiten Thale eines starken Flüsschens. Die hoch aufstrebenden Eucalypten, untermischt mit rasch wachsenden Trauerweiden, zwischen denen hie und da eins der weiss getünchten Häuser hervorguckt, geben ihm den Anblick beschaulicher Träumerei, die sich beim Eintreten in die breite Straße zu fast völliger Ruhe gestaltet, würde nicht hin und wieder ein Bäuerlein hoch zu Ross, den dummstolzen Gesichtsausdruck von breiter schlapper Hutkrempe beschattet, gesehen, das wichtige Geschäft des ‚Körens' (Besuche abstatten) abzuthun oder sich ein Schnäpschen zu kaufen", liest man.

Der Geologe MAUCH bemerkte hier verschiedenfarbigen Tonschiefer, überragt von weißlichem Sandstein und in Richtung Osten überdeckt von mächtigen basaltischen Gesteinen. Im Gebiet der östlichen Küstenflüsse fällt das Hochland in zwei gewaltigen Stufen in Richtung Indischer Ozean ab. Als zukunftsträchtig sah MAUCH die hier gefundenen Steinkohlenvorkommen an. Er stellte fest, daß die Bezeichnung „Draken-Berge" unrichtig sei. Die Gebirgskette umfaßt nämlich ein großes Plateau, der höchste Teil dieser Fläche liegt etwa in 1800 m Höhe.

MAUCH reiste nach kurzer Pause weiter in das nur wenige Meilen nördlich von Lydenburg gelegenen Origstadt. Dessen Ruinen wirkten auf ihn wild und romantisch zugleich. Der Ort war rundum von hohen Bergen eingeschlossen, wodurch es keine großen Luftbewegungen gab. Die sehr dichte Vegetation verbarg viele Sumpfstellen und *„Fieberanfälle waren unter der Bevölkerung häufig gewesen, durch unreinliches Leben und Übergenuß aller Arten Branntwein, importirt oder selbstfabricirt, gesteigert, und zuletzt sahen sich die Gründer des Dorfes durch die Todesfälle veranlasst, den Ort zu verlassen. Eine kleine Strecke von hier wohnt noch ein Bauer seit 10 Jahren, in viel ungünstigerer Lage, hat aber während dieser Zeit noch nicht einen einzigen Todesfall in seiner Familie zu beklagen."*

Die glanzvollste und schönste Entdeckung seiner Reise stand CARL MAUCH noch bevor. Es war die Wiederauffindung der Ruinen von Simbabwe.

Frühe Reisende in Simbabwe

Es ist eigentlich nicht vorstellbar, daß es vor der Entdeckung Simbabwes durch CARL MAUCH keinerlei Kunde über die Stätte gab. Die Einheimischen haben die Ruinen natürlich gekannt und, wie sich herausstellte, zahlreiche Besucher lange vor MAUCH ebenfalls. Schließlich hat die Grundlage für den Bau der Tempel an diesem Ort, nämlich die großen Goldvorkommen, lange vor dem Bau der Tempel die Reisenden angezogen.

In der Bibel finden wir Hinweise auf das sagenhafte Goldland der Antike, auf Ophir, welches vermutlich identisch ist mit dem Lande Punt.

Berühmt und überliefert sind die Fahrten nach Punt, die die Königin Hatschepsut (1482–1481 v. Chr.) veranlaßte. Ihre Schiffe brachten Weihrauch, Myrrhe und Elfenbein zurück. Der Heimathafen lag vermutlich in der Nähe des heutigen Kosseir.

Doch sollte schon hier richtig gestellt werden, daß das Gold aus Ophir zwar mit großer Wahrscheinlichkeit Gold aus Simbabwe war, die Tempel von Simbabwe haben aber, und das ist bewiesen, zu biblischen Zeiten noch nicht existiert.

Eine der hervorragendsten Persönlichkeiten des israelitischen Volkes war König SALOMO. Sein Name kommt aus dem Hebräischen, von „schelomo", also schalom, und das bedeutet bekanntermaßen „Friede". Er war der Sohn Davids und regierte vermutlich von 965 bis 926 v. Chr. Nicht ganz im Sinne seines Namens, oder doch? Jedenfalls reorganisierte SALOMO das Heer, baute die Streitwagentruppe und die Reiterei aus und vereinfachte die Verwaltung. Er förderte den Bergbau und besaß großes Interesse an Kunst und Literatur.

Durch die Übernahme altorientalischer Weisheit förderte SALOMO die Rechtsprechung, was ja zu dem bekannten Rechtsspruch, nach dem wir uns mancherorts auf dem Gerichtssaal sehnen, führte, nämlich zu seinem „Salomonischen Urteil".

Unter König SALOMO wurde zahlreiche Handelsverbindungen mit dem Ausland angeknüpft, so mit den Phöniziern unter König Hiram I. (969–936 v. Chr.) und den Sabäern im Südwesten Arabiens. Letzteres war verbunden, welch Glück für den König, mit der Bekanntschaft der schönen und mächtigen Königin von Saba. Darüber und mehr berichtet das alte Testament:

„Und Salomo baute auch Schiffe in Ezjon-Geber, das bei Elath liegt am Ufer des Schilfmeeres im Lande der Edomiter. Und Hiram sandte auf die Schiffe seine Leute, die gute Schiffsleute und auf

dem Meer erfahren waren, zusammen mit den Leuten Salomos. Und sie kamen nach Ophir und holten dort vierhundertundzwanzig Zentner Gold und brachten's dem König Salomo." (1. Könige 9, 26–28)

„Und als die Königin von Saba die Kunde von Salomo vernahm, kam sie, um Salomo mit Rätselfragen zu prüfen. Und sie kam nach Jerusalem mit einem sehr großen Gefolge..." Die Königin war begeistert von der Weisheit Salomos und seinen Antworten auf ihre Fragen. *„Du hast mehr Weisheit und Güter, als die Kunde sagte."*

„Und sie gab dem König hundertzwanzig Zentner Gold und sehr viele Spezerei (Gewürze und Parfüme – der Verf.) und Edelsteine. Es kam nie mehr so viel Spezerei ins Land, wie die Königin von Saba dem König Salomo gab. Auch brachten die Schiffe Hirams, die Gold aus Ophir einführten, sehr viel Sandelholz und Edelsteine." (1. Könige 10, 1–12)

„Und das Gewicht des Goldes, das für Salomo in einem Jahr einkam, war sechshundertsechsundsechzig Zentner, außer dem, was von den Händlern und dem Gewinn der Kaufleute und von allen Königen Arabiens und von den Statthaltern kam." (1. Könige, 14–15)

Um 595 v. Chr. fuhren die Phönizier im Auftrag des Pharaos Necho II. um ganz Afrika herum. Die Geschichte ist bei HERODOT (IV, 42) nachzulesen: *„Die Phoiniker fuhren auch aus dem Roten Meer in das südliche Meer ... und kamen im dritten Jahr durch die Säulen des HERAKLES nach Ägypten zurück. Auch sagten sie – mag es glauben, wer da will, ich glaube es nicht –, daß sie auf der Fahrt nach Libyen die Sonne zur Rechten gehabt hätten."*

Erst 2100 Jahre später wurde diese Umrundung Afrikas durch die Portugiesen wiederholt.

Der Grieche EUTHYMENES von Massilia gelangte zwischen 530 und 520 v. Chr. vermutlich schon bis zum Senegal und hatte die Aufgabe, hier Niederlassungen einzurichten. Das gelang dann aber erst um 525 v. Chr. dem Karthager HANNO. Er drang später bis zur Küste von Guinea vor und hat in der Nähe des Kamerunberges seinen südlichsten Punkt erreicht. Römische Schiffe fuhren unter POLYBIUS um 145 v. Chr. nur an der Nordwestküste Afrikas entlang.

Erst die ägyptischen Könige der Ptolemäer schickten ihre Truppen tiefer nach Nubien, zum Atbara und Blauen Nil bis zu den Bergen Äthiophiens. Der Tanasee und der Quellsee des Blauen Nils waren im 3. Jahrhundert v. Chr. schon bekannt.

In den Jahren 23 bis 22 v. Chr. drang der römische Statthalter von Ägypten, C. PETRONIUS, mit einer Heeresabteilung bis zum heutigen Merwoe, unterhalb des 4. Nilkataraktes, vor. Unter NERO

(54–68 n. Chr.) erreichte eine römische Expedition die Nilsümpfe in der Nähe der Bahr-el-Ghasal-Mündung.

Der letzte große Geograph des Altertums, Claudius Ptolemäus (2. Jh. n. Chr.), kannte die ostafrikanische Küste bis Sansibar, beschrieb die großen Seen und die schneebedeckten Mondberge (Gebiet um den Ruwenzori).

In arabischer Zeit stand auch die Ostküste Afrikas unter dem Einfluß Arabiens. Der Schriftsteller Masudi schrieb um 967 n. Chr. (zitiert nach Mager 1893, S. 377):
„Der entfernteste Teil des Sandsch-Meeres reicht an die Länder Sofala und Wak-Wak. Dieses Land hat Überfluß an wunderschönen Dingen, an Gold, und ist sehr fruchtbar. Die Sandsch (Kaffern) reiten auf Kühen, sie haben weder Pferde noch Maultiere; es giebt unter ihnen Rassen, welche geschärfte Zähne haben. Es giebt in ihrem Lande sehr viele Elefanten, die Sandsch aber gebrauchen die Elefanten nicht zum Kriege oder zu anderen Zwecken, sondern suchen sie bloß zu töten.“

Etwa zweihundert Jahr später (um 1154) berichtet der Geograph und Kartograph Edrisi (zitiert nach Mager 1893, S. 378):
„Das Gold, welches man in dem Gebiete von Sofala findet, übertrifft an Gehalt und Größe der Minen das aller übrigen Länder ... Man läßt es in der Mitte schmelzen vermittels eines mit Kuhmist unterhaltenen Feuers, ohne daß es nötig wäre, bei diesem Verfahren zum Quecksilber seine Zuflucht zu nehmen, wie man es im westlichen Afrika thut, denn die Bewohner dieses letzteren Landes bringen ihre Bruchstücke Goldes zusammen, vermengen sie mit Quecksilber, bringen die Mischung zum Fluß bei einem Kohlenfeuer, so daß das Quecksilber verdunstet und nur die Masse des geschmolzenen reinen Goldes zurückbleibt.“ Die Nachricht ist für die Geschichte der Erzaufbereitung interessant. Den Umweltschützern wird es sicher beim Lesen der Stelle, wo das Quecksilber verdampft, schon mulmig.

Der Dominikanermönch Juan dos Santos hielt sich 1587 in Moçambique und Sofala auf und besuchte von dort aus elf Jahre lang die verschiedensten portugiesischen Niederlassungen. Er berichtet im „Östlichen Äthiopien“ (Evora 1609):
„Die Waren von Tete gehen nach Sene mit Gold hinunter, welches sie auf den Märkten von Massapa in dem Königreich Monomotapa holen, und man trifft daselbst jederzeit eine ziemlich grosse Menge derselben an, weil nahe dabei der grosse und hohe Berg Fura oder Afura ist. Oben auf diesem Berge sieht man die Ruinen von Gebäuden, welche von Stein und Kalk waren, eine Sache, die man sonst keineswegs in dem ganzen Lande der Kaffern bemerkt, wo sogar

die Häuser der Könige nur von Holz und Erde sind und mit Stroh gedeckt werden. Aus einer alten Tradition in diesem Lande hat man, dass die Ruinen Überbleibsel der Vorrathshäuser der Königin von Saba sind, dass diese Prinzessin aus diesem Gebirge alles ihr Gold bekommen habe, dass dieses Gold durch den Fluss Cuama (Zambesi) in das Meer von Äthiopien hinab gebracht worden, von wo man es durch das Rothe Meer bis zu den Küsten von Äthiopien brachte, welches oberhalb Ägyptens ist und wo diese Königin herrschte. Andere glauben, dass Salomo diese Magazine hätte bauen lassen und dass man daher dasjenige Gold von Ophir bekommen hätte, womit seine Flotten beladen waren, dass zwischen Afura und Ophir kein grosser Unterschied sei & c. Es ist ganz gewiss, dass um dieses Gebirge herum vieles und sehr feines Gold vorkommt, dass man es vermittelst dieses Flusses leicht fortbringen kann, wie heut zu Tage die Portugiesen thun und wie vor ihnen die Mohren von Mocambique und Quiloa thaten, und dass man es, wie man es heut zu Tage nach Indien führt, vor Alters durch das Rothe Meer nach Asiongaber und von da nach Jerusalem habe bringen können.“

Carl Ritter erwähnte im 1. Teil seiner „Erdkunde“ (Berlin 1817) die alten Berichte und schrieb:

„Die merkwürdigste Nachricht über diese Gegend betrifft die alten Gebäude im Reiche Butua in der Landschaft Toróa, von welchen De Barros eine sehr genaue Nachricht giebt.

In der Mitte der Ebene, im Reiche Butua, bei den ältesten Goldminen steht eine Feste (fortaleza), vierseitig, von innen und aussen aus harten Werkstücken vortrefflich erbaut. Die Steine, aus denen die Mauern, ohne Kalkverbindung zu den Fugen zu brauchen, bestehen, sind von ausserordentlicher Größe (marauilhose grandeza). Die Mauern sind 25 Palmen dick, ihre Höhe ist nicht so bedeutend im Verhältniss zur Breite. Über der Pforte des Gebäudes steht eine Inschrift, welche weder morische Handelsleute (d. i. Arabische Küstenbewohner), die dort waren, noch andere Schriftkundige lesen konnten; auch weiss man nicht, mit welchen Charakteren sie geschrieben ist. Auf den Anhöhen um dieses Gebäude sind noch andere auf ähnliche Art von Mauersteinen ohne Kalk aufgeführt, darunter ein Thurm von mehr als 12 Brasses (bracas, an 36 Fuss, wahrscheinlich Höhe). Alle diese Gebäude heissen bei den Eingeborenen Symbáoé, d. h. Hoflager (corte), wie alle königlichen Wohnungen in Monomotapa diesen Namen führen. Der Wächter desselben, ein Mann von Adel, hat hier die erste Gewalt und heisst Symbacayo; unter seiner Aufsicht sind einige der Weiber des Benomotapa, die immer hier zu wohnen pflegen.

Wann dieses Gebäude und von wem erbauet, davon ist bei den Einwohnern, die keine Schrift haben, auch keine Nachricht. Sie sagen nur, dass sie ein Werk des Teufels seien, weil Menschen es nicht zu Stande bringen könnten.

Als Kapitän Vic Pegado einigen Moren, die dort gewesen, das Portugiesische Mauerwerk der Feste in Sofala, die Fenster, die Gewölbe & c. zur Vergleichung mit jener zeigte, sagten diese, jenes Werk sei so vollendet (limpa y perfecta), dass sich Nichts mit ihm vergleichen lasse. Diese Gebäude liegen 20 und 21 Grad Südbreite, etwas mehr oder weniger als 170 Legoas in gerader Richtung gegen Westen von Sofala. Ausser ihnen findet sich in der dortigen Gegend kein anderes, weder altes noch neues Mauerwerk vor, denn alle Wohnungen des barbarischen Volkes sind dort aus Holz (madeira). Nach der Meinung der Moren sind die Gebäude sehr alt und zur Behauptung der dortigen Goldminen angelegt, denn auch diese seien die ältesten im Lande.“

Simbabwe wird wieder in Europa bekannt

Ob ein Tag Bedeutung für uns oder gar für die Geschichte hat, erfährt man meist viel, viel später. Erst im Nachhinein setzen die Historiker oder Chronisten die Bedeutung eines, eben dieses, Tages mehr oder weniger willkürlich fest. Genausowenig wie Amerika durch Kolumbus entdeckt wurde, war MAUCH der Entdecker der Ruinen von Simbabwe.

Die Eingeborenen kannten diese, für sie nach dem Verfall immer geheimnisvoller werdende, Stätte ständig, und wie gezeigt wurde, drangen die Nachrichten davon auch vor MAUCH schon in andere Länder und Kontinente vor.

Sein und der Verdienst des Gothaer Verlages war es, die Informationen durch die „Geographischen Mitteilungen" in eine damals geographisch sehr interessierte Fachwelt zu tragen. Die Nachricht von den Ruinen erreichte in der zweiten Hälfte des 19. Jahrhunderts mehr Menschen als je zuvor.

Das war das Ereignis, daß wir heute als die „Entdeckung" bezeichnen.

Es soll hier bezüglich der Tätigkeiten von MAUCH in Simbabwe keinerlei Kritik geübt werden. Wir wissen um die Qualität und Quantität seiner Ausrüstung, von der Verschwiegenheit, die den Eingeborenen gegenüber nötig war und von den relativ kurzen Aufenthalten vor Ort.

Die eigentliche Erforschung der Stätte setzte viel später ein, darauf soll im weiteren noch zurückgekommen werden.

Im Kraal des Sewaas

Am 5. September 1871 weilte MAUCH das erste Mal in Simbabwe. Mit wenigen Trägern war er am 30. Juli 1871 vom Häuptling Albasini aufgebrochen. Gegen Mittag des 1. August kamen die Männer zum Kral des Sewaas. MAUCHS Tagebuch schildert uns den Herrscher und seine Residenz (zitiert nach SOMMERLATTE, S. 141f.):
„Nur der Fußpfad ist ganz bar, sonst verhindert dicht geschlungenes Gebüsch jeden Schritt abseits, oder dichter Wald mit vertracktem Unterholz setzt unüberwindliche Hindernisse entgegen, zuletzt gelangt man auf Gartenfußpfaden die Höhe hinan, hat noch eine Spruit zu passieren, und in schönem, von Unterbusch geklärtem, aber felsigem Pfade gelangt man zum Nest des Häuptlings. Ein Schuß verkündet diesem meine Ankunft, und er empfängt mich

Abb. 36: Die Ruinen von Simbabwe im heutigen Zustand (Foto: L. ROTHER, Schwäbisch Gmünd)

im Staatskleide im Audienzzimmer, vulgo Viehkraal. Hier sitzt er ohne Matte unmittelbar mit seinem Werthesten auf dem Dung, eine wunderliche Figur. Ziemlich fettleibig ist sein Vollmondgesicht, doch durch den reichlichen Bart halb verdeckt, rings unter der Kopfbedeckung, einem Soldatenkäppi, der mit einigen Hahnenfedern aufgeputzt ist, hängen die künstlich gedrehten und reichlich mit Fett getränkten Krauslocken herab. Freundlich benimmt er sich und bietet öfter aus einer Dose, die früher einmal zur Aufbewahrung von Zündhütchen diente, seinen Tabak an, den ich aber ausschlug und vorzog, eine Pfeife in den Mund zu stecken, obwohl das Aroma seiner Ausdünstung mich nahezu zur Prise verleitete. Da ich seine Sprache der Baromapulana nicht verstehen konnte und ich zu rasch fand, daß mein Dolmetscher, der sich mir selbst zum Begleiter für große Distanz antrug (er ist Elefantenjäger), zu diesem Geschäft untauglich war, so verging lange Zeit des Schweigens, von meiner Seite. Sewaas aber ließ sich nicht in seiner lebhaft geführten Schwätzerei mit seinen anwesenden Leuten stören, und so war ich glücklich, als die Nacht hereinbrach und zur Ruhe einlud. Eine kleine Hütte war eben für mich frisch mit Mist ausgeschmiert worden und dahinein ließ ich meine Güter bringen, denen ich unmittelbar folgte. Aber auch er folgte und blieb bei mir sitzen bis gegen 10 Uhr, wann er sich verabschiedete, welchen Augenblick ich schon eher gewünscht hatte. Natürlich unterließ er es nicht, zu betteln, was seine Augen sahen; Pulver und Blei wären ihm sehr erwünscht, meine Bulls'eye-Laterne (kleine Oellampe) möchte er gar zu gerne haben, mein vielfarbiger Shawl würde ihm herrlich anstehen usw.“

Die Nacht zum 2. August war für MAUCH eine Qual und sicher war dies keine Ausnahme. *„Eine Hölle von Ungeziefer plagte, eine ganze Menagerie davon könnte geschaffen werden: Läuse, Flöhe. Kakerlaken, Tampani (Sandflöhe), Spinnen usw. nöthigten mich, meinen Lagerplatz hinaus ins Freie zu verlegen, anstatt die liebe Nacht beschäftigt zu sein, zu kratzen oder mich zu wälzen.*

Sewaas stellte sich bereits vor Sonnenaufgang ein mit einem ‚Gute Moro, Baas!‘, setzte sich in geringer Entfernung vor mir auf ein Felsstück, nöthigte mich also auf jede weitere Ruhe zu verzichten. Dort saß er den Vormittag, wie angewurzelt, gab Audienz von seinem Thron aus.“

Ein lang anhaltender und starker Regen hielt CARL MAUCH mehrere Tage bei dem Sewaas fest. 40 Träger hatten ihm ihre Dienste angeboten, und die wollten danach alle etwas zu essen haben. Dabei gab es durch die Trockenheit kein Wild.

Afrikanisches Hüttenwesen

Am 7. August ging es dann weiter in Richtung Nordost. Am 12. August passierte die Expedition den Fluß Bubye (linker Nebenfluß des Limpopo) und am 16. den Nuanetsi.

Am 18. August kamen MAUCH und seine Begleiter in Dumbo's Kral an. Er brachte geraubte Kinder ihren Eltern zurück und mußte dennoch hungrig schlafen gehen. MAUCH tauschte die, wie er schreibt *„gefrässigen und bettelhaften Parasiten von Sewass"* gegen Dumbos Leute ein, doch auch die bestahlen ihn und ließen ihn schließlich in der Gefahr allein.

Beim Kral des Mapansule nahm ihn eine Räuberbande der Sewaas gefangen. Wieder einmal war die Zukunft aussichtslos und die Fortsetzung der Reise gefährdet.

Seine Tauschgüter waren durch die vielen Diebstähle arg geschrumpft. Er hatte nur noch einige Perlen und Kupferringe.

Die Bevölkerung aber war hier sehr zahlreich und jeder Kral war des anderen Feind. So machte es bedeutende Schwierigkeiten, zu allen gleich freundlich zu sein und von allen Hilfe zu bekommen.

MAUCHS Freund, der Elefantenjäger ADAM RENDER, der nur dreieinhalb Stunden von dem Kral entfernt wohnte, eilte herbei, stellte seinen Freund als einen bedeutenden Häuptling vor und befreite ihn dadurch.

Am 31. August kam CARL MAUCH mit ADAM RENDER auf dessem Wohnsitz an. Er fühlt sich dort wohl und hatte inzwischen interessante Neuigkeiten erfahren. Eingeborene haben ihm erzählt, daß sich früher weißhäutige Menschen in dieser Gegend aufgehalten haben. Man habe eine Spitzhacke der Weißen und ihre Schmelzöfen gefunden. Wie und warum die Weißen das Land wieder verlassen haben, erzählte man MAUCH nicht.

Einige der Schmelzöfen fand MAUCH noch in Betrieb:
„Bei der Rückkehr von der Höhe, um Frühstück bei Adam Render einzunehmen, kam ich bei einigen Schmieden vorüber, eben ihr Handwerk ausübend. Sie graben, reduzieren und verarbeiten das Erz; einen Eisenglimmer enthaltenden Thonschiefer holen sie aus einer Grube aus ganz geringer Distanz etwa 20 min Gehens. Sie zerkleinern das Erz mittels Granitsteinen und setzen es abwechselnd mit Holzkohlen eines gewissen Baumes durch die obere Öffnung ihres niedrigen Ofens in diesen ein und unterhalten durch zwei Öffnungen am Boden, wodurch die Windröhre eingesetzt wird, mittels Handblasbälgen aus Ziegenfell einen nichts weniger als continuierlichen Luftstrom, der jedoch genügend ist, um das Erz in Fluß zu bringen. Nach langem fortgesetztem, ermüdendem Gebläse, wobei dem ‚Doro'-Bier wacker zugesprochen wird, hat sich endlich vor dem größeren, der Windleitung gegenüberliegendem Loche soviel Kohle angesammelt, daß der Luftstrom nicht mehr zum Erz gelangen kann. Hier wird abgebrochen und eine erste Röstung ist vollendet. Die zusammengebackenen Stücke von

Kohle, Schlacke und halb im Fluß gewesenen Erzstücke werden ausgeworfen, nachdem sie kalt geworden, wieder zerkleinert und am folgenden Tag demselben Prozeß unterworfen, wo dann schon kleinere Stücke reinen Eisens sich zeigen. Diese wiederholten Reduzierungen andauern oft 5-8 Tage.“

Unheimliche Geschichten

Weiter erfuhr unser Forscher von einigen Merkwürdigkeiten auf dem benachbarten Berge. Nach Aussage der Kaffern handle es sich um einen richtigen Gespensterberg. Nachts höre man Ziegen und Schafe schreien, aber manchmal läuft ein Feuer rings um den Berg und am nächsten Morgen ist das Gras abgebrannt. Es gab Versuche, den Berg zu besteigen, doch ein Mutiger wurde auf der Höhe plötzlich verrückt, ein weiterer starb und einem Dritten wurden plötzlich alle Haare vom Kopf abrasiert.

Da gab es noch einen rätselhaften Topf: *„Der Topf selbst hat vier Beine und sei gefüllt mit gelben Gut, auch wandle er auf dem Berge von Ort zu Ort. Ein Mann habe ihn einst angetroffen und wollte die Hand hineinstecken, um das glänzende Gut herauszunehmen, da haben sich mit einem Male die Seiten zusammengeklappt und seine Hand abgeschnitten. So wurde denn beschlossen, übermorgen dem nachzugehen und dies merkwürdige Räthsel zu lösen.“*

Offenbar führte der Topf MAUCH zu den Ruinen. Einen Tag später, am 1. September lesen wir in seinem Tagebuch:
„Noch mehrere Personen wurden erfragt über diesen Topf und von ihnen ebenfalls merkwürdige Geschichten erzählt. Unter den Leuten war einer, der plötzlich mit einer noch wichtigeren Neuigkeit herausplatzte, nämlich mit der Anwesenheit von größeren Ruinen, die nie von Schwarzen aufgebaut sein können. Sollten dies die längst ersehnten Ruinen von Banyai sein?“

Die Wiederentdeckung Simbabwes

Am 3. September machte sich CARL MAUCH mit einigen Begleitern auf den Weg zum Spukberg.

Dieser Berg ist die höchste Spitze eines Massivs, welches aus Richtung Westen kommt, von Bächen durchschnitten wird und gegen Osten sich verbreitert. Zunächst spricht der Geologe und stellt metamorphen Schiefer, Glimmerschiefer und Tonschiefer fest. Weiter gibt es hier Magneteisenerz und Quarzschiefer.

Doch MAUCH wollte an diesem Tag dem Spukberg zu Leibe rücken und bemerkte zunächst einen beschwerlich zu ersteigenden Hang. Die begleitenden Eingeborenen hatten abwechselnd Angst und wieder Mut. Schließlich lachten sie, als die Bergkuppe erreicht war. Von dem geheimnisvollen Topf war nämlich keine Spur zu finden.

Vom Gipfel aus suchte MAUCH den Berg mit den Ruinen. Die Eingeborenen zeigte in Richtung Ost-Südost und CARL MAUCH fand im Abstand von acht Meilen den Hügel.

Am nächsten Tag ging er sehr vorsichtig zu Werke. Eine Jagd war der Vorwand für den Marsch in Richtung Simbabwe. Beim Kral des Zikara wurde übernachtet, doch es gab kaum neue Informationen.

Am Dienstag, den 5. September brach CARL MAUCH früh auf und versuchte auf Umwegen die Ruinen zu erreichen. Das Feld, auf dem sich Simbabwe befand, gehört dem Mangapi, und dessen Leute sollten ihn nicht zu zeitig entdecken. Nach einem Marsch im Tal entlang erkannte MAUCH plötzlich eine Mauer aus Granitsteinen. Diese war nicht höher als drei bis vier Fuß und ziemlich eingefallen. Auf dem westlichen Abhang des Berges waren ähnliche Gesteinstrümmer zu erkennen.

MAUCH und seine Begleiter machten erst einmal an der Mauer Rast und schickten einen Mann zum Häuptling auf dem Berg, um nicht gegen die Sitte, sich anzumelden, zu verstoßen.

Plötzlich erkannte MAUCH in unmittelbarer Nähe ein rundes Bauwerk:

„Bald stand ich vor ihm und sah eine Mauer aus ähnlichen Granit-Ziegeln bis zur Höhe von etwa 20'; ich brauchte nicht lange nach einem Eingange zu suchen, denn eine Stelle war ganz nahe, wo über Trümmer der Mauer eine Art Fußpfad ins Innere führte, der anscheinend öfters benutzt wird. Diesem Fußpfade folgend wurde ich über Massen von Trümmern und Theilen von Mauern gebracht, dichtes Gestrüpp und hohe Bäume verhinderten von irgendeinem erhöhten Punkte das Ganze übersehen zu können. Mehrere Versuche zu diesem Zweck schlugen fehl, und endlich blieb ich vor einem thurmartigen Gebäude stehen, das nahe an der gegenüber liegenden Seite eines Eingangs erbaut und anscheinend noch ganz unversehrt dastand. Es erhob sich im Ganzen bis zu etwa 30 Fuß, die unteren 10' cylinderförmig bei 15 oder 16' Durchmesser, die oberen 20' konisch mit der Spitze - Durchmesser etwa acht Fuß. Ganz dieselbe Bauart aus behauenen Granitziegeln ohne Mörtel, aber mit Bindung, den Regeln der Baukunst gemäß. Vergeblich suchte ich nach einem Eingange oder einer vermauerten Eingangsstelle, vergeblich versuchte ich mir den Zweck dieses Gebäudes zu enträtseln.“

Abb. 37: Aquarell von CARL MAUCH: Blick über die Ringmauer im Tal auf die Akropolis von Simbabwe (Quelle: Archiv des Justus Perthes Verlages Gotha)

Dann wurde MAUCH von seinen Begleitern gerufen. Der Häuptling war vom Berg herabgekommen und schien ein ganz freundlicher Mensch zu sein. Er führte die Gäste zu den Hütten seines Krals. Unser Reisender war ganz Diplomat und erwähnte die Ruinen während des Gespräches mit dem Häuptling überhaupt nicht. Viel wichtiger war auch die Einladung des Häuptlings, in ein paar Tagen wiederzukommen.

MAUCH verbrachte einige Tage in seiner Hütte bei RENDERS, ließ sie neu mit „Mist“ ausschmieren, doch das Ungeziefer raubte ihm fast jede Nacht den Schlaf. Was sind dagegen ein paar Mücken, die uns manchmal ärgern!

Besichtigung der Akropolis

Am zeitigen Morgen des 11. September brach MAUCH mit einigen Männern erneut in Richtung der alten Ruine auf. Nach nur eindreiviertel Stunden erreichte er das Gebiet und bestieg gleich den Berg der Akropolis. Dort gab es erst einmal Frühstück, bestehend aus Reis und gerösteten Erdnüssen.

Abb. 38: Der konische Turm des Elliptischen Tempels auf einem zeitgenössischen Stich vom Ende des 19. Jahrhunderts (Quelle: BENT 1892)

Die Legenden, die die Eingeborenen erzählten, interessierten natürlich unseren Forscher brennend. Auf der Akropolis sollte sich eine Zinnschüssel, gefüllt mit den verschiedensten Dingen befinden. Man habe eine große Menge schöner und weißer Leinwand gefunden und an anderer Stelle große Eisenstangen gesichtet. Von Inschriften erzählten die Männer, von Vogelfüßen und geschnitzten Kinderköpfen. MAUCH beschenkte den Häuptling mit reichlich Perlen, und der versprach ihm, alles zu zeigen. Das wars dann aber auch. Die Angst ließ den Führer des Krals nur ein paar Schritte mitgehen, und unser Forscher hatte schnell freie Bahn. In der künstlich errichteten Mauer befand sich ein schmaler Durchgang. Es gab dahinter mehrere kaum zwei Fuß breite Gänge, die Querbalken waren aus Glimmerschiefer gefertigt. Die meisten Mauern schlossen sich bogenförmig aneinander und an die äußere Mauer an. Eine große Mauer befand sich am Südabhang. Sie stand auf dem

Abb. 39: Der konische Turm des Elliptischen Tempels im Ruinenkomplex von Simbabwe im heutigen Zustand (Foto: L. ROTHER, Schwäbisch Gmünd)

äußersten Rand eines gewaltigen Felsabhanges und wurde ohne Mörtel errichtet. Inschriften konnte MAUCH hier nicht entdecken. Nur ein Steinbalken wies Verzierungen auf. Ein zweiter Fund war eine leider zerbrochene Schüssel aus Talkschiefer von grünlichgrauer Farbe. Am westlichen Abhang des Berges fand MAUCH Trümmer von Mauerwerk und Reste von Terrassen.

Untersuchung des elliptischen Tempels

Reste von Mauern schienen CARL MAUCH einstens eine Verbindung zwischen der Akropolis und dem Taltempel hergestellt zu haben. Am südlichen Fuß der Akropolis fand er ein Feld mit einem Bachbett, das vermutlich zeitweise Wasser führte.

Am meisten interessierte MAUCH verständlicherweise der konische Turm in den Ruinen. Über Schlingpflanzen kletterte er hinauf und mußte feststellen, daß das Innere mit kleinen Steinen verfüllt war. Einen Eingang am Fuße konnte er nicht entdecken. Der Turm stand zwischen zwei sehr hohen Mauern, die nur 10 Fuß voneinander entfernt waren. Der schmale Zugang kam von Norden her. Die äußere Mauer zeigte am oberen Rande eine Verzierung, die durch Doppellagen von grauem oder weißem Granit und schwarzem Phonolit gebildet wurden.

MAUCH wollte noch einen Lageplan anfertigen, doch der Chef des Berges, MANGAPI, rief die Männer zurück. Auf dem Rückweg fand

Abb. 40: Die Akropolis der Ruinen von Simbabwe im heutigen Zustand (Foto: H. Bock, Frankfurt am Main)

Mauch ein seltsames Gebilde aus Eisen. Zwei dreikantige Hüllen waren durch einen eisernen Bogen miteinander verbunden. Für Mauch gab es keine Zweifel, daß es sich hier um die von Merensky vermuteten Ruinen handeln müsse.

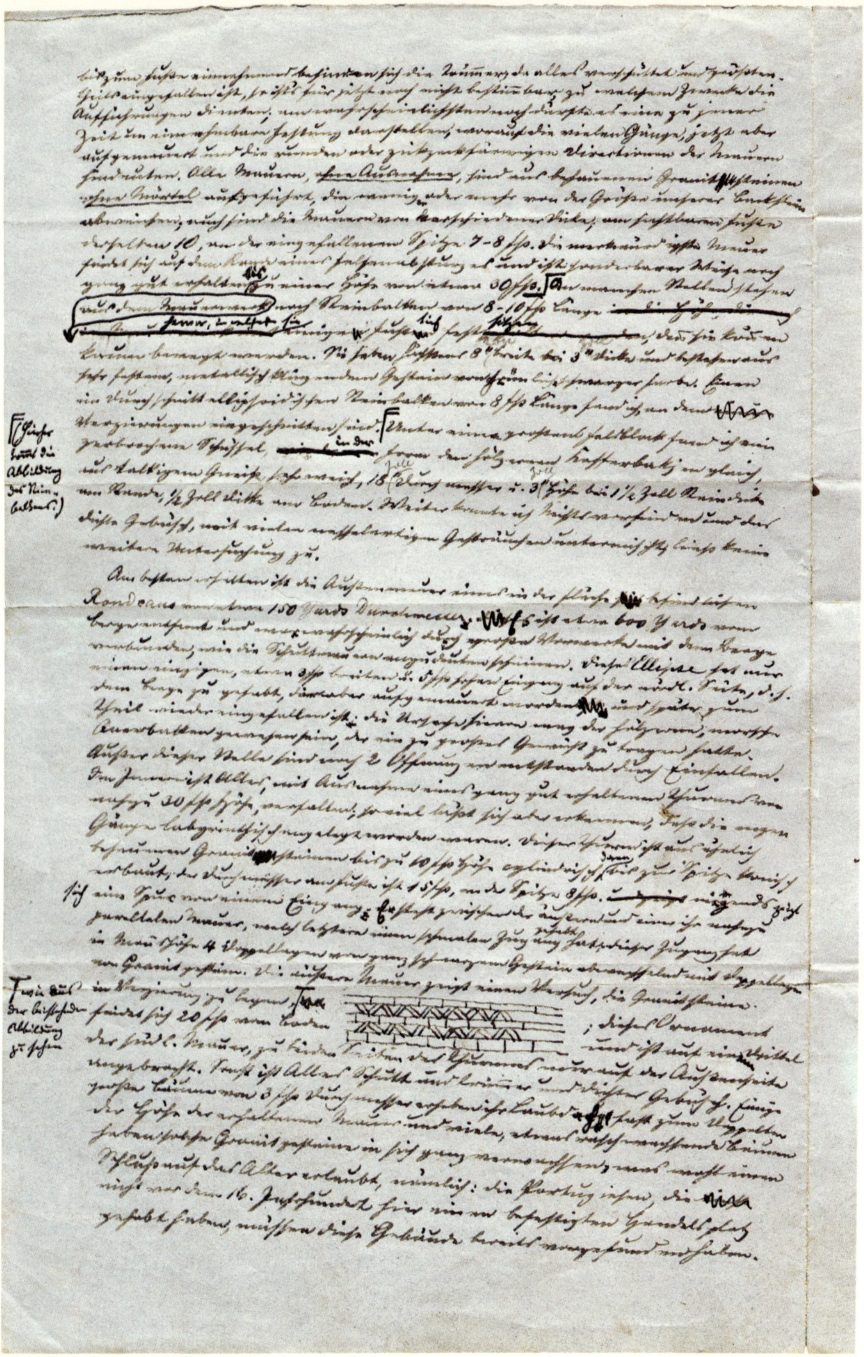

Abb. 41: Von PETERMANN zum Manuskript umgearbeiteter Brief MAUCHS aus Pike's Kraal (20° 15' s. B., 23° 37½' ö. L.) vom 13. September 1871
(Quelle: Archiv des Justus Perthes Verlages Gotha)

Abb. 42: Durchgang zum Elliptischen Tempel des Ruinenkomplexes von Simbabwe im heutigen Zustand
(Foto: H. Bock, Frankfurt am Main)

Abb. 43: Gang im Elliptischen Tempel des Ruinenkomplexes von Simbabwe im heutigen Zustand
(Foto: H. Bock, Frankfurt am Main)

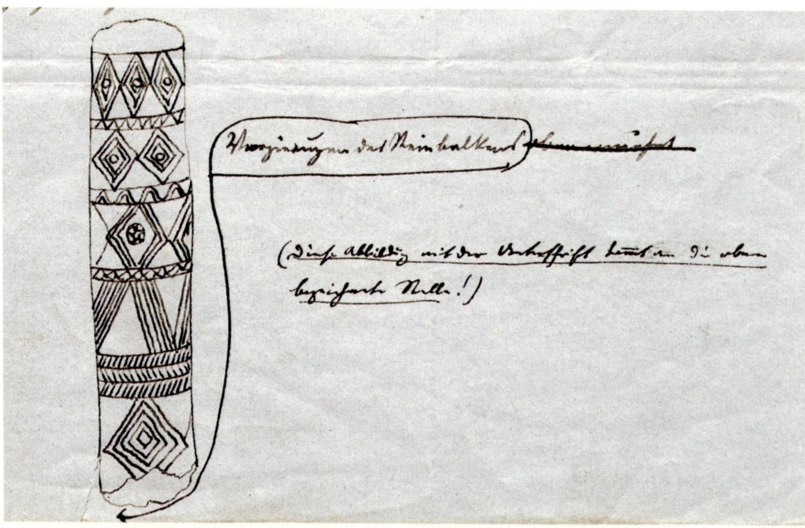

Abb. 44: Darstellung der mit geometrischen Mustern verzierten Seifenstein-Monolithen aus Simbabwe in Mauchs Brief an Petermann vom 13. September 1871
(Quelle: Archiv des Justus Perthes Verlages Gotha)

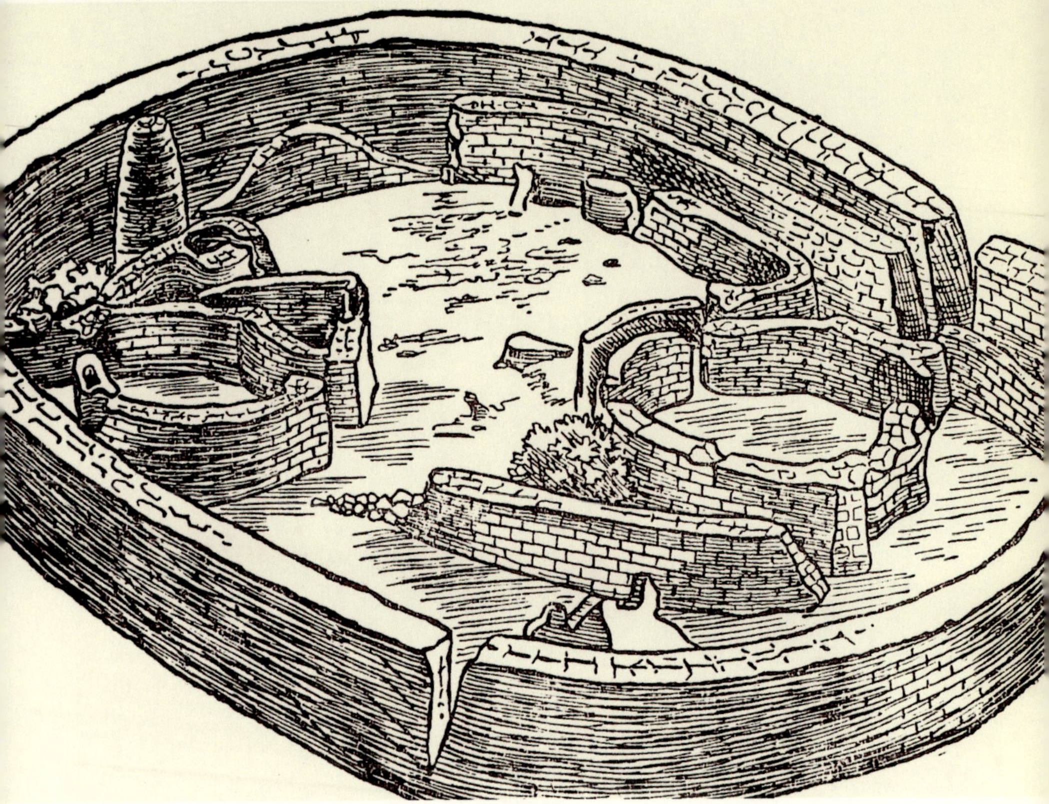

Abb. 45: Rekonstruktion des Elliptischen Tempels des Ruinenkomplexes von Simbabwe (Quelle: HERRMANN 1952)

Am 12. September beschloß CARL MAUCH den Rückmarsch. Heftiger Wind und Kälte sowie die in Aussicht stehende Regenzeit veranlaßten ihn dazu. Gleichzeitig macht er Bestandsaufnahme der ihm verbliebenen Güter, und die sah wieder einmal erschreckend aus. Man hatte ihm nahezu alles gestohlen, was von Wert war. Den Rest seiner Habe brauchte er als Geschenke für die Häuptlinge. So mußte eine große Liste aufgestellt werden. MAUCH heuerte acht Leute an und hoffte, daß diese etwa in einem Monat mit den Waren wieder bei ihm wären.

Kartographische Aufnahme der Anlagen

Nun sollte es reichlich fünf Monate dauern, bis MAUCH die Möglichkeit hatte, die Ruinen ein weiteres Mal aufzusuchen.

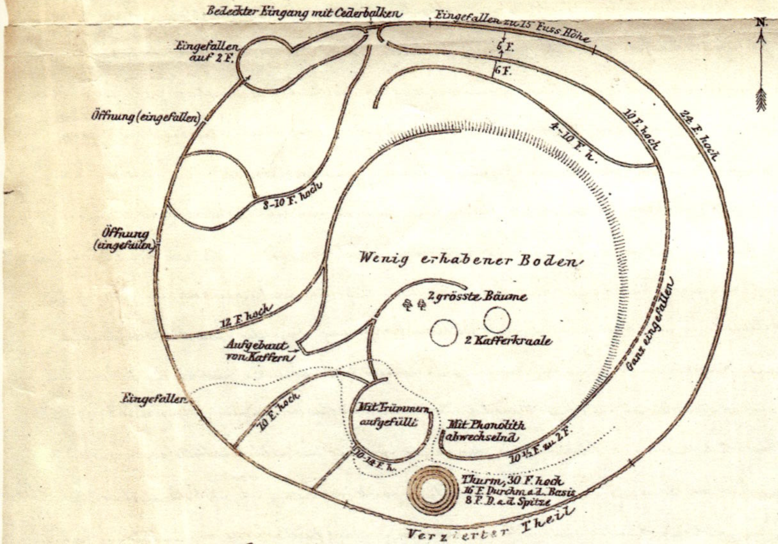

Grundriß des „Hauses der Großfrau."
0 10 20 30 40 50 Fuß.

Vorläufige und ganz vertrauliche Notiz über die Ruinen von Zimbabye,

von Karl Mauch, Gotha 17. Januar 1873.

Seit meinen letzten Nachrichten vom Anfang September 1871 von Zimbabye aus hat sich meine Meinung über die Ruinen daselbst bedeutend verändern müssen. In der mageren Notiz von damals glaubte ich bei der nur oberflächlichen und eiligen Betrachtung nur eine Art Fortifikation sehen zu dürfen, bei einigem Nachdenken darüber zeigte sich diese Beurtheilung nicht mehr stichhaltig, und nachdem es mir gelungen war, mit älteren, also ruhigeren und verständigeren Leuten Gespräche darüber anzuknüpfen, drängte sich mir eine Ansicht darüber auf, die ich jedoch mich scheue zu veröffentlichen, obwohl ich von der Richtigkeit derselben überzeugt bin. Da diese Entdeckung der Ruinen in Deutschland bedeutende Sensation erregt hat, so dürfte es wohl angezeigt sein, nochmals dieselben in den Einzelnheiten wiederzugeben, wobei ich es mir angelegen sein lassen werde, ganz der Wahrheit gemäss vorzugehen, so dass die Herren Autoritäten in der archaeologischen Wissenschaft ohne Zweifel ihre weisen Schlüsse darauf basiren können.

Beschreibung der Ruinen. — Zimbaoë (nach den Portugiesen), jedoch von allen Eingeborenen, selbst bis in die Nähe des Zambesi oder Nyantsa, Zimbabye ausgesprochen, zerfällt in 2 Hauptheile, wovon der eine auf einem etwa 150 Fuss hohen Granithügel, der andere im Thale liegt, getrennt durch ein jetzt periodisch gewordenes Bachbett. Der Granithügel ist von Osten nach Westen weiter ausgedehnt als von Süden nach Norden, und zeigt sowohl im Osten als im Westen eine Art vertieften Zugangs zum Gipfel, gebildet von den beiden Partien des Hügels. Die nördliche Partie weist keine Ruinentheile auf. Der einzige, nahezu quaderförmige Granitblock, mit einer Seite von etwa 10 F., auf der ganz nackten, von anderen, grösseren Granittrümmern entblössten Höhe, hat nur als grösster Block mit breiter Basis dem Abrutschen auf der glatten, etwas schiefen Fläche bis jetzt widerstanden, und dient nun zum Schutz gegen die heftigen Südostwinde. Auf der, diesem höchst unangenehmen Wind abo

Am 6. März 1872 gelang es CARL MAUCH, eine erste Grundrißskizze vom elliptischen Tempel anzufertigen. Es war ein wagehalsiges und gefährliches Unterfangen:

„Ohne weiteren Zwischenfall gelangten wir bald zum Fuß des Berges. Mr. Render begab sich direct auf dessen Spitze, um den Häuptling daselbst zu beschäftigen und ihn von Aufmerksamkeit nach unten abzuhalten.

Ich begab mich mit Skizzenbuch und bewaffnet mit Revolver allein nach dem Hause der Großfrau (dem Rondeau). Das übermannshohe Gras entzog mich auch so ziemlich den Blicken etwaiger Beobachter und bald fand ich, durch dichtes Gras, meist mit Bohnengewächsen verschlungen, einen geeigneten Felsblock, von dem aus ich in kürzester Zeit eine Gesamtskizze erlangen konnte. Immer das hohe Gras, das leider die bessere Übersicht aller Ruinentheile zwischen Berg und Rondeau vereitelte, benützend, schlich ich mich ins Innere des letzteren und begann, einen rauhen Grundplan zu legen. Bäume, Sträucher, Schlingpflanzen, Dornen, Nesseln, Gras, dürre Äste verdeckten aber diese inneren, nur zu sehr verfallenen Mauerwerke so sehr, daß der Plan ohne eigentliches Messen nicht genau ausfallen konnte; kein Bezug auf öfters sichtbare Punkte oder Anhaltsmauern konnte erlangt werden des allzu dichten Gestrüpps wegen. Während die äußere Mauer bis zu 24' Höhe die am besterhaltenen Teile hat, scheint keine des Inneren dieselbe Höhe gehabt zu haben, auch sind bei der äußeren holzstammartig gespaltene Glimmerschieferbalken verwendet worden. Ihre Dicke ist am Boden viel bedeutender, als oben. Die inneren Mauern sind durchaus nur etwa 2' dick und nicht durch ähnliche Steinbalken besser gehalten. Mit Ausnahme der östlichen Äquidistante ist der Boden überall mehr oder weniger mit Trümmern bedeckt.

Am nördlichen Eingang schnitzte ich noch einige Splitter von dem Querbalken ab, der so alt als das Gebäude selbst und dem zumindesten 2500maliges Grasfeuer nur wenig Schaden angethan hatte.

Ebenso merkwürdig ist's, daß keiner der zahlreichen Bohrkäfer sich an ihn gewagt hatte. Das Holz ist noch ganz gesund, von röthlicher Färbung, schwachem Geruch, brennt mit starkem Geruch gleich einer Fackel. Ein Vergleich desselben mit dem Holze an einem Bleistift zeigt große Ähnlichkeit, und so vermuthe ich, gestützt

Abb. 46 (S. 142): Von CARL MAUCH gezeichneter Grundriß des unteren Ruinenkomplexes von Simbabwe (Quelle: Archiv des Justus Perthes Verlages Gotha)

auf weitere Hypothesen, daß es Cederholz sein müsse. Es wäre dies ein toter, aber sehr beredter Zeuge, daß diese Ruinen eine Nachahmung von Gebäuden des Salomo sind.

Ich war schon längst oben auf dem Berge erwartet worden. Während ich den Häuptling später durch Vorzeigen verschiedener Gegenstände in meiner Nähe zu halten suchte, verschwand Mr. Render plötzlich mit verborgenem Beile, begab sich ins Innere der oberen Ruine, hieb 3 hübsche Stücke ähnlichen Holzes, das zu ähnlichen Zwecken diente, ab und brachte dieselben in ein gutes Versteck ... Es wäre gegenwärtig eine Unmöglichkeit, einen Plan aufzunehmen, auch sind die Mauerwerke viel verwischter, viel mehr eingefallen als unten, und nur die äußere Hauptmauer, in gerader Linie streichend, ist deutlich.“

Noch am selben Tag verließ MAUCH das Ruinenfeld und sollte nie wieder nach Simbabwe kommen.

Entdeckte Mauch das biblische Land Ophir?

Auch Entdecker haben ihre schwachen Stunden! Als der deutsche Ingenieur ARTHUR POSNANSKY vor den Ruinen Tiahuanacos (Südamerika) stand und ein Wunder nach dem anderen zum Vorschein kam, hielt er dieses für die älteste Metropole der Weltgeschichte. Die Idee hat sich in gewissen Literaturgattungen bis heute noch erhalten.

Als CARL MAUCH den elliptischen Tempel mit der Akropolis von Simbabwe fand, fielen ihm im Zusammenhang mit den entdeckten Goldfeldern Beschreibungen des Goldlandes in der Bibel ein.

Unterstützt wurden diese Gedanken durch Berichte der Eingeborenen, die von weißhäutigen Erbauern der Tempelanlagen erzählten. Offenbar trauten sie selbst diese Bauleistungen ihren Vorfahren nicht mehr zu. Dem schloß CARL MAUCH sich an, und da er einige entnommene Holzproben für Cedernholz hielt, war das sein Beweis für diese Hypothese. König SALOMO hatte für den Bau seines Tempels in Jerusalem viel Cedernholz verwenden lassen, und ihn hatte die Königin von Saba dort besucht. Die Großfrau, die die Akropolis erbauen ließ, war also niemand anders, als diese Königin. So beendet MAUCH seine Tagebuchaufzeichnungen am 6. März 1872 mit den Worten:

„Ich wage heute zu schließen: Königin von Saba der Bibel ist die Königin von Simbaöe (Psalm 72.10.).

Das erwähnte Saba ist Simbaöe. Math. 2.11 - Von den 3 Königen war der eine von hier, die anderen von Arabien und Indien. Der erwähnte Topf ist vielleicht eine Bundeslade! Die Ruinen sind Nachahmungen des Tempels und Palastes von Salomon."

MAUCH hat damit eine wohl auch für ihn nicht vorhersehbare Welle von Spekulationen ausgelöst, die besonders denen willkommen waren, die die „Schwarzen" sowieso jeder kulturellen Äußerung für unfähig hielten.

Aus dem Bibeltext (Könige 1, 9, 26f.) ist lediglich zu entnehmen, daß man in Ophir Gold geholt habe.

Heute gilt es als erwiesen, daß die Mauern von Simbabwe wesentlich jünger sind.

Weitere Forschungen in Simbabwe

Die Ruinen von Simbabwe gehören zu den Überresten des altafrikanischen Großreiches Monomatapa. Seine politische Macht

Abb. 47: Die 1889 in der Akropolis von Simbabwe gefundene Vogelplastik aus Speckstein findet sich stilisiert in der Staatsflagge von Simbabwe wieder (Quelle: ROTHER 1976)

beruhte auf der Ausbeutung der zahlreichen Goldminen. Etwa 300 ähnliche Bauwerke wurden bisher gefunden, Groß-Simbabwe war das Zentrum und ist heute das Nationalmonument des Landes. Es steht seit 1986 auf der Weltdenkmalsliste der UNESCO.

Von CARL MAUCHS Wiederentdeckung an und angeregt durch seine Theorie wucherten die phantastischsten Erklärungsversuche für den Ursprung der Bauwerke:
„Man nimmt heute an, daß Zimbabwes Ursprung auf etwa 2000 v. Chr. zurückzuführen ist. Wahrscheinlich wurde es von fremden Eindringlingen gegründet, die in der Gegend reiche Goldfunde machten und die Schätze in der Hochburg von Zimbabwe verwahrten, bis der Abtransport an die Küste nach Sofala erfolgen konnte. Dem von manchen Forschern vertretenen Standpunkt, Zimbabwe sei das Werk eines Bantustammes, widerspricht das Fehlen einer höheren Kulturstufe bei irgendeinem Bantustamm. Die Anlage von Zimbabwe zeugt von einem hohen Grade technischer Fähigkeiten ihrer Erbauer. Es ist aber bekannt, daß Bantustämme niemals derartige Fähigkeiten bewiesen haben. Professor Frobenius hat auf Grund seiner neuesten Forschungen die Ansicht ausgesprochen, Zimbabwe sei von indischen oder arabischen Eroberern errichtet worden. Um vergleichende Untersuchungen anzustellen, hat Frobenius sich nach Indien begeben“ (Zitat aus DAZ vom 5.1.1930). Dieser Forscher, ein bekannter Völkerkundler und Historiker, ar-

beitete 31 Jahre in Afrika und erhob mit seinen Arbeiten die Ethnologie zur historischen Wissenschaft. In Simbabwe ließ er sich offenbar von der Königin von Saba verführen.

So ignorierte er auch die bis dahin erfolgten archäologischen Untersuchungen, vor allem der Engländer.

Das Berliner Tageblatt berichtete am 13.2.1930 über die Forschungen von GERTRUDE CATON-THOMPSON: *„Nunmehr hat Miss Gertrude Caton-Thompson mit allen modernen Hilfsmitteln, u. a. auch Flugzeugen, das mysteriöse Gelände abgesucht ... An verschiedenen Stellen grub man Schächte bis auf den Felsuntergrund. Unter dem konischen Turm liess Miss Caton-Thompson einen Quer-Tunnel anlegen; doch gelang es nicht, den eigentlichen Zweck dieses merkwürdigen Baues zu ergründen. Immerhin stellte die gelehrte Archäologin fest, dass von einem semitischen Ursprung der Bauten keine Rede sein kann. All die zahlreichen, ans Tageslicht beförderten, Gegenstände sind offenbar aus verschiedenen Gegenden Asiens importiert und in ihren Ursprungsländern zwischen 600 und 1300 nach Christi Geburt angefertigt worden; die Ansicht von der mittelalterlichen Entstehungszeit dürfte also wohl richtig sein. Die Anlage ist auch nicht als degenerierter Ableger einer höheren orientalischen Zivilisation zu betrachten, sondern vielmehr als kräftiger Ausdruck einer Eingeborenenkultur, welche auf Originalität, hochentwickelte Organisation und blühende Industrie schliessen lässt. Alle einzelnen Teile des Planes und der Gebäude, sowie die ausgegrabenen Reste von Geräten der Eingeborenen deuten auf die afrikanischen Bantu-Völker hin.*

Damit hat das Rätsel von Zimbabwe nach dem Urteil der Anhänger von Miss Caton-Thompson seine endgültige Lösung gefunden, und es muß weiteren Spezialuntersuchungen überlassen bleiben, zu ermitteln, worauf die im Mittelalter so plötzlich auftretende Blüte und der nachfolgende Verfall dieser Bantu-Kultur zurückzuführen ist.“

CATON-THOMPSON selbst schreibt:

„Das Interesse an der Geschichte Zimbabwes und seiner Umgebung wächst immer noch. Es wird bereichert und gesteigert durch unsere Verwunderung über die bemerkenswerte Vollkommenheit jener Anlagen. Nichts kann die ihnen anhaftende Majestät verkleinern, weil das Mysterium von Zimbabwe das Mysterium des noch immer ruhig pulsierenden Herzens des dunklen Afrikas ist.“

Die Autorin LILY SUSANNE KRUG fragt in der Deutschen Tageszeitung vom 12.2.1932: *„Warum sollten wir den Kaffern jede frühere Kultur absprechen? Auch den heutigen Griechen und Aegyptern möchte man ihre früheren Kulturwerke nicht zutrauen. Die Zeit* *ändert alles, das Leben ist ein Wandel. Von dem, was heute groß ist, mag in wenigen hundert Jahren nichts mehr übrig sein."*

Goldbergbau als Fundament eines Reiches

Monomatapa war ein afrikanisches Reich mit Ansätzen einer Feudalentwicklung. Auf dem Höhepunkt seiner Macht im 14. und 15. Jahrhundert erstreckte es sich über das Gebiet zwischen Sambesi und Limpopo. Es gab weitreichende Handelsverbindungen zu außerafrikanischen Ländern. Der nächste Hafen von Simbabwe aus war Sofala, 375 km Luftlinie davon entfernt.

Die geographische Lage von Simbabwe bot zahlreiche Vorteile. Es gab unbegrenzte Mengen von Granit, der sich infolge der Witterungseinwirkungen in Platten vom Felsen löste. Rings umher war fruchtbares Weideland. Zu wichtigen Orten bestanden gute Verkehrsverbindungen. Das Tal mit dem Berg der Akropolis war für die Entstehung eines großen Zentrums geradezu ideal geeignet.

Das Baumaterial für Simbabwe ist dieser einheimische Granit. Mit großer Geschicklichkeit wurden die Werksteine aus den großen Platten des sich ablösenden Felsens gehauen. Diese Ablösung konnte durch große Feuer auf dem nackten Felsen künstlich beschleunigt werden.

In den 1950er Jahren wurden an zwei Holzproben aus den unteren Lagen des Tempels C14-Untersuchungen in Chicago und in London durchgeführt. Die Hölzer stammen aus der Zeit zwischen 500 und 700 n. Chr. Es handelt sich bei den Proben um Holz vom Tambootie-Baum, welches sehr langlebig ist und möglicherweise erst Jahrhunderte nach dem Ende seiner Wachstumsperiode hier verwendet worden ist. Die Rinde des Baumes sondert zu Lebzeiten eine giftige Substanz ab. Das Holz ist eisenhart und verfault auch im toten Zustand nicht. Deshalb hat man die Bäume erst lange nach dem Absterben abgeholzt und verwendet.

Faßt man alle bisherigen Forschungsergebnisse zusammen, so können fünf aufeinanderfolgende Wohnperioden für das „Große Simbabwe" unterschieden werden. Über die erste und zweite Periode ist wenig bekannt, möglicherweise war der Ort zwischen der zweiten und dritten Periode im 4. Jahrhundert unbewohnt. Im 6. Jahrhundert existierte hier eine eisenzeitliche Kultur. In dieser Zeit entwickelte sich der Bergbau in den Kupfer-, Gold- und Eisenminen. Die dritte Periode begann um 1100 n. Chr., und erst hier wurden Steinwälle errichtet. Seit dieser Zeit war der Ort zu einem politischen und religiösen Zentrum geworden. Seine Hoheit reichte weit über den Limpopo hinaus bis hinein in das nördlich Transvaal. Die vierte Periode wird in das 15. Jahrhundert datiert. Damals erreichte Simbabwe die Blüte seiner Kultur. 1663 wurde das Reich Monomatapa von den Rozwi (Zweig der Baluba-Stämme) zerstört. Sie bewohnten und beherrschten von da an auch Simbabwe. Die Wohnstätten befanden sich zwischen dem Tempel und der Akropolis. Fundamente und die gestampften Fußböden wurden dicht aneinander gedrängt gefunden.

Die Stadt wurde irgendwann in der Mitte des 18. Jahrhunderts verlassen. Die letzte Wohnperiode setzte um 1730 ein und war vermutlich die kürzeste. Der letzte „Mambu", König der Rozwi, CHIRISEMURU, wurde 1834 von den Ngoni unter dem Führer SWANGENDEBA KUMALO in Stücke gerissen.

Mit dem Untergang des Monomatapareiches gerieten Bergbau und Bauwerke gleichermaßen in Vergessenheit.

Zahlreiche archäologische Funde

Die Ergebnisse der archäologischen Untersuchungen Simbabwes sind nicht so spärlich, wie allgemein angenommen. Allerdings wurden keine Schrift und keine menschlichen Skelettreste entdeckt. Einige Hände voll goldener und tönerner Phallussymbole, Golddraht, Kupfergießformen, Schalen mit Tierdarstellungen und Schnurornamenten, Scherben persischen Steingutes und alten chinesischen Porzellans sind eine dennoch reiche Ausbeute.

Werkzeuge des täglichen Gebrauchs, wie Messer, Hacken, Meißel, Pfeil- und Speerspitzen, wurden aus Eisen gefertigt und zahlreich gefunden.

Besonders berühmt wurden die aufgefundenen „Simbabwe-Vögel". Sie sind etwa 35 cm groß und aus grünlichem Speckstein geschnitzt. Die Vögel haben ein Alter zwischen 500 und 700 Jahren und gelten als eines der bedeutendsten Zeugnisse der Kultur der Shona, des heute noch größten Stammes im Land Simbabwe. Ein Vogel ziert sogar in stilisierter Form die Staatsflagge von Simbabwe. Die Vögel stellten bei den Shona den Gott „Mwari" dar, der den Überlieferungen zufolge in den Wolken lebte. Diese Vögel, also die Götter, konnten demzufolge direkt zu den Menschen fliegen - eine tolle Sache, oder?

Inzwischen wurden in anderen Teilen des Landes die Überreste ähnlicher Bauwerke gefunden. So entdeckte man im Reservat Sabi vergleichbare Granitmauern, Keramik und tönerne Phallussymbole.

Abb. 48: Funde aus dem Elliptischen Tempel von Simbabwe
(Quelle: Caton-Thompson 1931)

Abb. 49: Mauerwerk der Ruinen von Dhlo-Dhlo im heutigen Zustand
(Foto: H. Bock, Frankfurt am Main)

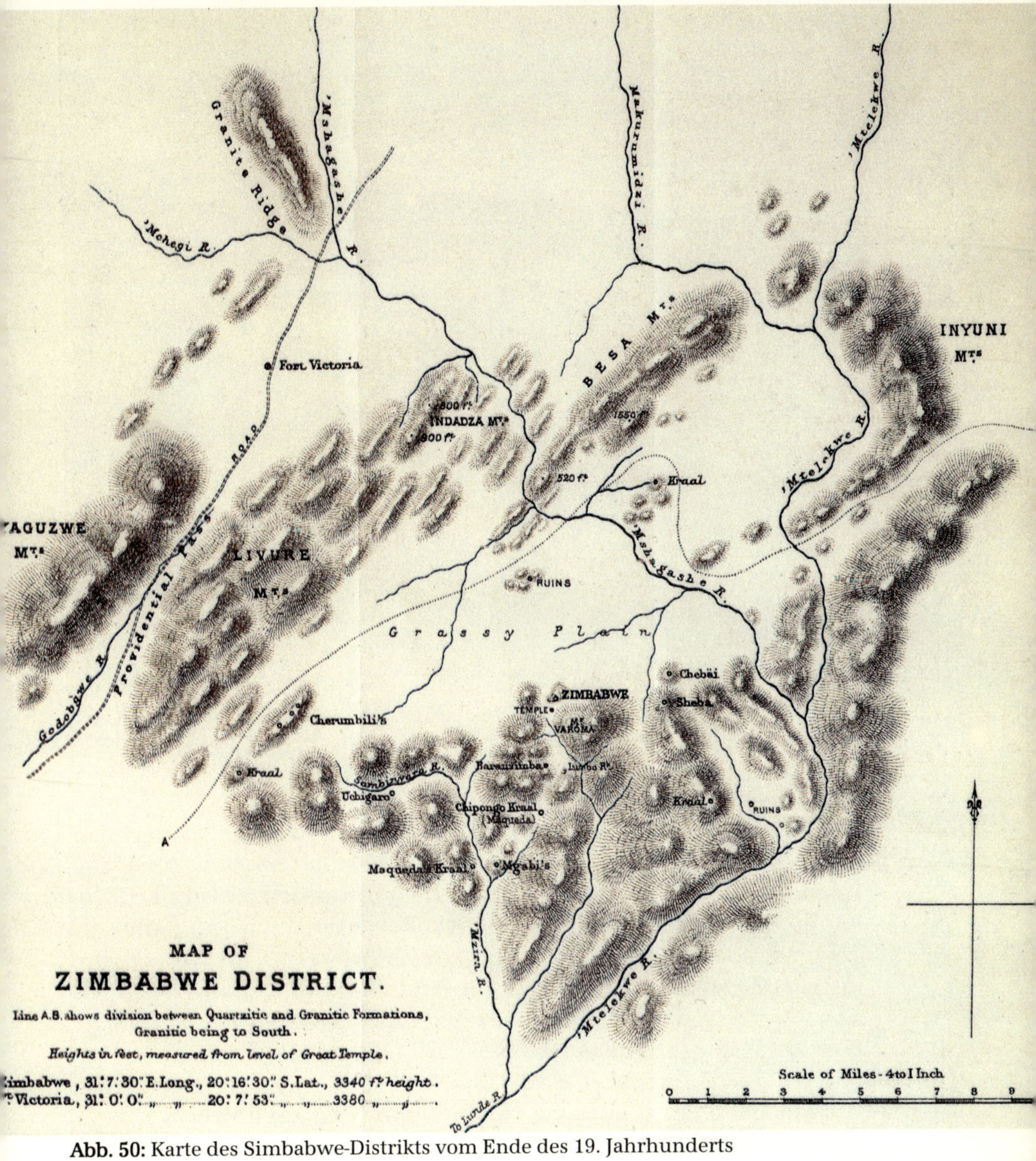

Abb. 50: Karte des Simbabwe-Distrikts vom Ende des 19. Jahrhunderts (Quelle: Bent 1892, Tafel vor S. 87)

Die Matendere-Ruinen liegen 195 km nördlich von Simbabwe, das Bauwerk stammt aus der Zeit zwischen dem 11. und 15. Jahrhundert n. Chr. Hier findet man eine mit Zickzack- und Grätenmuster geschmückte Umfassungsmauer, die ebenfalls die Form einer Ellipse besitzt. Die Tore waren vermauert, im Innern fanden sich Spuren von Hütten.

Abb. 51: Blick auf die Frontseite der Ruinen von Dhlo-Dhlo im Matebele-Land (Quelle: RANDELL-MACIVER 1906, Tafel XVII)

Auf einem 1500 m hohen Granitplateau, 65 km nordöstlich von Bulawayo im Matebeleland, liegen die Ruinen von Dhlo-Dhlo. Die Fassaden sind mit Schachbrett- und Grätenmustern verziert. Die Raum- und Baukörperaufteilung ist phantasievoller und feiner, jedoch weniger gewaltig als in Simbabwe. Erbaut wurde diese Stätte im 17. und 18. Jahrhundert. Ebenfalls im Matebeleland befinden sich Khami und Naletale, zwei bedeutende Sitze der Rozwi-Könige. Die Umfassungsmauern sind hier ebenfalls mit schönem Zickzack-, Gräten- und Schachbrettmuster verziert.

1934 bis 1939 wurde die Anlage von Mapungubwe, im nördlichen Transvaal, nahe dem Fluß Limpopo, ausgegraben. Sie besitzt ebenfalls mit der von Simbabwe Ähnlichkeit und gehörte zum gleichen Reich. Die Überlieferungen der Eingeborenen berichten, daß ein Simbabwe-König einst hier seinen wichtigsten Militärstützpunkt besichtigt haben soll und dabei verstarb. Er wurde beigesetzt, und die Eingeborenen hielten sich aus Angst vor den Geistern vom Grab fern. Die unversehrten Gräber enthielten reiche Goldbeigaben (Zepter, Vasen, Statuen, ein kleines Rhinozeros, Halsketten und Goldfäden).

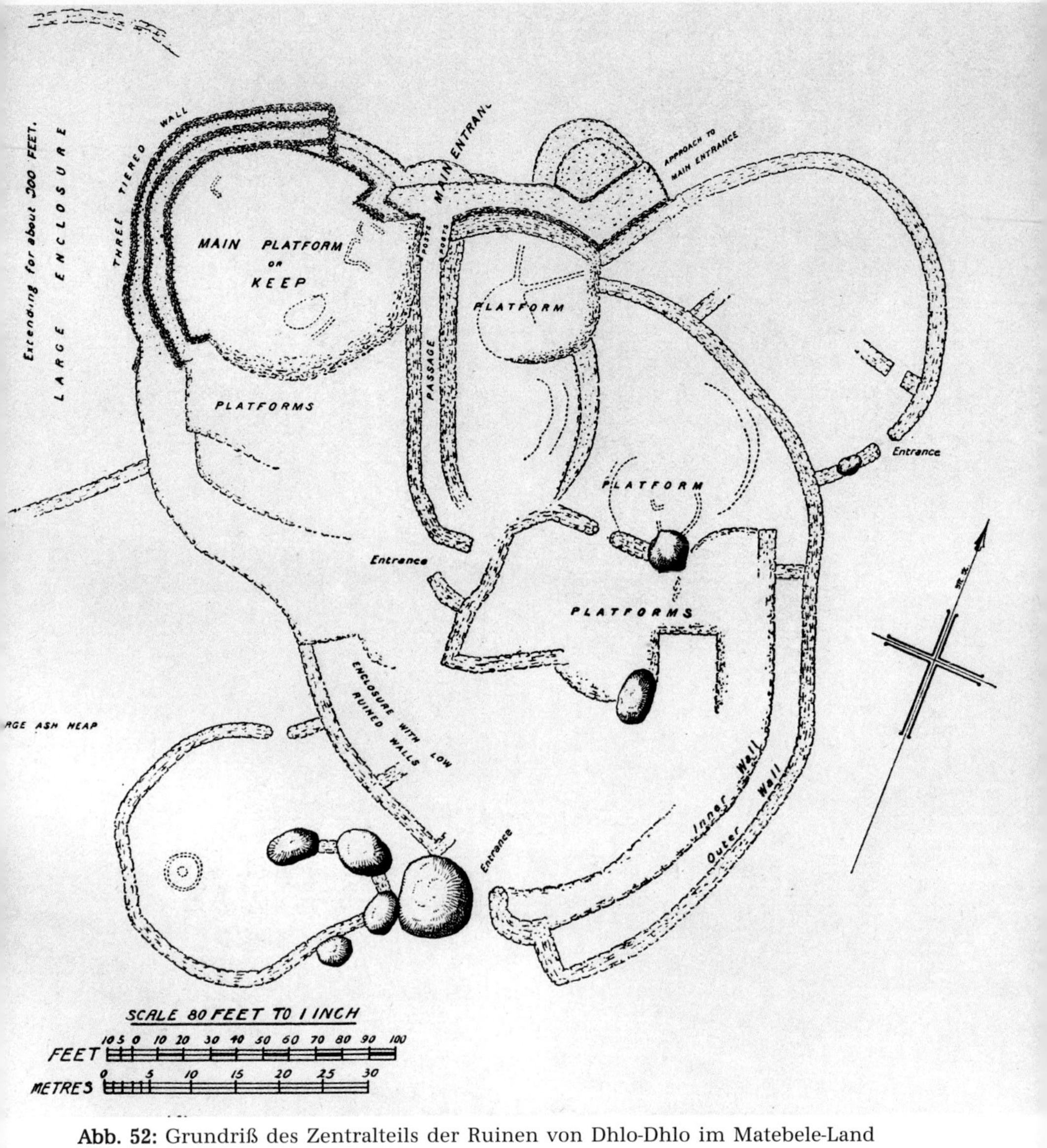

Abb. 52: Grundriß des Zentralteils der Ruinen von Dhlo-Dhlo im Matebele-Land vom Beginn des 19. Jahrhunderts
(Quelle: RANDELL-MACIVER 1906, Tafel XVII)

Die Forschungen werden auch an dieser archäologischen Stätte des Welterbes weitergeführt, und sicher wird eines Tages auch das Rätsel des Turmes von Simbabwe lösbar werden.

Als Forscher unter den einheimischen Makalaka

Carl Mauch hatte sich schon während der Vorbereitungen zu seiner Reise auf viele Fächer spezialisiert. Er wußte auch, daß er damals nur die Informationen nach Hause bringen konnte, die er selbst gesammelt hatte. So sind seine völkerkundlichen Beschreibungen nicht nur informativ, sondern auch humorvoll und vor allem verständlich. Als Beispiel seien hier seine Berichte über die Makalaken angeführt, denen wir etwas umfangreicher Platz einräumen wollen, bevor wir unseren Forscher seine Rückreise antreten lassen.

Mauch lebte von September 1871 bis Mai 1872 mit diesem Stamm zusammen und konnte so ausführliche Beschreibungen ihres Lebens, ihrer Riten, Informationen über Geburt und Tod, Hochzeit und Witwenstand erhalten.

Die Makalaka beschreibt er als mittelgroß, die Männer meist hager. Richtig fett zu sein gilt bei den Frauen als wunderschön. Das Haar ist kurz und gekräuselt, die Männer haben einen spärlichen Bartwuchs. Negroide Gesichtszüge sind selten. Charakteristisch sind eine schmale, leicht gebogenen Nase und keineswegs stark aufgeworfene Lippen. Sie besitzen eine braune Hautfarbe mit Übergängen ins Rötliche und Schwarze. Arabische, malayische und israelitische Einflüsse sind vermutlich in der Erbmasse dafür die Ursache.

Mit der Mode haben die Makalaken keine größeren Probleme: *„Beide Geschlechter sind nur mit einer kleinen Schürze und hinten mit einem etwas grösseren Fell aus Thierhäuten bekleidet. Ganz selten finden Sandalen eine Verwendung, weil meist die dazu nöthige dicke Haut eines Büffels oder sonstigen Großwildes bis zum letzten Stückchen als köstliche Zuthat zur täglichen Nahrung verspeist wird. Von einem Hut oder einer anderweitigen Kopfbedeckung wissen sie absolut Nichts, die Weiber besonders setzen ihre kahl geschabten Schädel den sengendsten Sonnenstrahlen aus und selbst bei kleinen Kindern wird darin keine Ausnahme gemacht; trotzdem habe ich nie von einem Sonnenstich gehört. Gegen Regen und Kälte wissen sie sich kaum durch größere Thierfelle zu schützen; sie ziehen es alsdann vor, in ihren Hütten beim Feuer bessere Witterung abzuwarten, und vertreiben sich die Zeit mit Plaudern, einer Fähigkeit, die unter ihnen zur höchsten Ausbildung gelangt.“*

Als Schmuck verwenden die Makalaken Glasperlen, die an eine Bastschnur gereiht und als Collier getragen werden. Beliebt sind auch Fingerringe, Armbänder und Fußspangen aus Eisen, Messing oder Kupfer. Die Männer mögen diesen Zierat nicht, sorgen aber dafür, daß ihre Frauen davon ausreichend haben. Die Frauen tragen Unmengen von diesem Schmuck, der oft zehn Kilogramm wiegt, fast beständig an sich mit herum.

Folgen wir zunächst CARL MAUCHS Beschreibung, wie die Makalaka ihre Babys füttern:

„Wenn junge Vögel aus den Eiern geschlüpft sind, so tragen ihnen die Eltern Nahrung zu und stecken sie den kleinen Schreihälsen tief in den Schnabel hinein. Solches scheinen sich die Makalaken zum Vorbilde genommen haben.

Schon am ersten Tage nach der Geburt eines Kindes wird besonders feiner Kleister aus Reismehl oder in dessen Ermangelung aus gewöhnlichem Hirsenmehl bereitet, um den Neuling zu stopfen. Es ist gewöhnlich die Großmutter, die sich dieses Fütterungsprozesses für die ersten Tage annimmt, sie legt sich das Kind in den Schoss, das bereits mit Fett gesalbte Köpfchen etwas erhöht in die linke Armbeuge und nun beginnt das schauderhaft mit anzusehende Geschäft gewaltsamer Fütterung.“

Unser leider kinderlos gebliebener Reisender wäre wohl ein guter Vater gewesen. Das kann man aus dem Duktus dieser Beschreibung schon entnehmen:

„Der stopfende Finger dringt bis hinter den Gaumen, die übergroße Quantität der zähflüssigen Masse fliesst an den Seiten herab und bedeckt Nase- und Mundgegend in gefahrdrohender Weise. Zu weiterer Nachhülfe wird der gequälten, öfters fast erstickten Kreatur eine Bewegung mittels der Beine ertheilt, wie man sie etwa einem Sacke giebt, wenn sich die verschiedenen Gegenstände darin ihrer Schwere nach legen sollen. Der noch schwache Magen des armen, hülflosen Wesens wird zu einer solchen Ausdehnung angeschwellt, dass dem Zuschauer ordentliche bange wird, sein Bersten müsse nächstens erfolgen. Das Kind hat sich unter der Tortur müde geschrieen und ist eingeschlafen, es liegt wie todt da.

Nun wird es hübsch mit beiden Händen an den Seiten des Kopfes erfaßt und das schmierige Gesichtchen abgeleckt; ‚woguta‘ (es ist satt) meint die Grossmutter und legt es wieder an die Seite der Mutter.“

Nach vier bis fünf Tagen kümmert sich die Mutter selbst um das Kind. Sie bindet sich das Baby in einem Fell auf den Rücken, wo es die Mutter bei allen Dingen begleitet. Wenn das Baby größer wird und die Zähnchen wachsen, dann bekommt es neben Kleister und

Muttermilch *„auch leckere Gerichte, wie Mandéra (Käfer, die unseren Maikäfern fast völlig gleichen), Masoria (Raupen vom Grossen Nachtpfauenauge), Heuschrecken, Feldratten, Pilze u. dgl., öfters wird sein Körper mit dem Öl aus Erdmandeln (Arachis) eingerieben, auch wurden schon mehrmals die kurzen gekräuselten Haare vom Kopf abgeschabt, denn ein Makalaka-Rasirmesser ist nicht schärfer als ein stumpfes Federmesser. Kleider trägt es schon längst in Form einiger Perlenschnüre um den Hals und die Lenden. Ein Kind von drei Jahren isst und trinkt alles, was ihm die Mutter giebt oder auch nicht geben will, es spricht, läuft, spielt, tanzt, hat auch seinen eignen Willen, den es durch Schreien immer durchzusetzen weiss, trinkt aber in der Regel noch an der Mutter.*

Mädchen werden im Alter von etwa fünf Jahren zu Verwandten in ein anderes Dorf gegeben. Hier werden sie weiter gefüttert, offenbar die Hauptsorge der makalakischen Erziehung, und erlernen Wasser und Holz zu tragen, Breie zu kochen, Bier zu brauen und Salz zu bereiten. Die Mädchen lernen in dieser Zeit auch töpfern.

Öfters kommt es vor, daß sie dann schlicht und einfach verkauft werden. Der zukünftige Ehemann, manchmal schon leicht ergraut, hat möglicherweise bereits eine Abschlagszahlung an die Eltern entrichtet.

Irgendwann erklären die alten Weiber das Mädchen für heiratsfähig. Jetzt kommen die Qualen der Tätowierung. Die Haut des Leibes erhält mindestens 4 000 Schnitte, die in 30 oder mehr parallelen Linien angeordnet werden. Zusätzlich gibt es weitere Tätowierungen auf anderen Körperteilen. Die kleinen Wunden werden mit einer Paste aus Holzkohle und einer ätzenden Substanz eingerieben, damit schön erhöhte Narben entstehen. Man denke sich ferner den Fall, dass diese Schönheitslinien nicht eng oder hoch genug befunden werden, wo dann die Marter wiederholt werden muss, eine Marter, die immerhin mehrere Tage in Anspruch nimmt, so muss man zugestehen, dass die Dame ‚Mode' dort noch viel tyrannischer auftritt als unter civilisirten Völkern", erwähnt der humorvolle Mauch.

Im Alter zwischen 12 und 14 Jahren betrachten die Makalaken die Erziehung der Mädchen für beendet. Sie müssen jetzt darauf warten, daß sich ihr Vater mit dem zukünftigen Mann über den Kaufpreis einigt. Es kommt aber auch vor, daß das Mädchen einen Geliebten hat und mit diesem einfach wegläuft. Liebe, so schätzt Mauch allerdings ein, kann dafür aber nicht der Grund sein, denn dieses Gefühl ist nie in den Mädchen gepflegt worden. *„Ist sie doch von Kindheit an ihren Eltern entfremdet, von ihrem Vater wie eine Ware verkauft worden; sie kennt daher auch keine Liebe zum Man-*

ne und setzt höchstens einen Stolz darein, wenn viel für sie bezahlt worden ist. Versteht es der Mann, sie in Furcht vor ihm zu erhalten, dann ist ihr Zusammenleben erträglich; ist er aber schwach oder hasst sie ihn gar, so versteht sie es nur zu gut, ihm das Leben auf jede Weise zu verbittern. Sie kann es selbst soweit treiben, dass sie zur Giftmischerin wird, um so eher, weil sie keine Strafe zu befürchten hat, sondern gefürchtet wird und somit eine gewisse Herrschaft im Dorfe ausübt und auch auszunutzen versteht.“

Da gab es also für die Männer keine allzu rosigen Zeiten, auch wenn uns manches schon bekannt vorkommt!

Im Todesfall des Mannes bekommt der älteste Sohn der Familie die Witwe als Erbteil. Ist dieser Sohn zufällig ihr eigenes Kind, dann bleibt sie als Gebieterin im Haus oder zieht es vor, sich einen anderen Mann zu suchen. Als Gebieterin wird sie oft eine bösartige Witwe, erfindet allerlei Lügen und verbreitet diese so gut es geht. Carl Mauch klagt darüber mit persönlichen Erfahrungen:
„... warum während meines Aufenthaltes so wenig Regen falle, z. B.: der weisse Mann schiesst zu viel (obwohl ich jedesmal eine sehr giftige und deshalb sehr gefürchtete Schlange erlegte); der weisse Mann hat da ein Ding gemacht, das die Regenwolken wieder vertreibt (es war das bekannte Spielzeug für Kinder, ein Stern aus steifem Papier, der vom Winde gedreht wird und welchen ich auf meiner Hütte aufpflanzte); der weisse Mann schaut immer nach den Sternen, damit der Regen nicht kommen soll (astronomische Beobachtungen); der weisse Mann sammelt Medikamente, um den Regen zu bezaubern (Sammeln und Untersuchen von mir unbekannten Pflanzen); der weisse Mann allein ist schuld an all dem Unglück, das auf das Ausbleiben des Regens folgen muss (obwohl ich unter anderen Ursachen auch der Regenzeit wegen mich unter diesen Leuten aufzuhalten hatte).

Stirbt die Frau, so wird sie in einer Steinhöhle oder einem Felsenloch beigesetzt. Sie bekommt ein kleines Fetttöpfchen mit in das Grab und die Öffnung wird mittels Steine verschlossen.

Die ersten Jahre im Leben eines Makalakenjungen gleichen durchaus denen der Mädchen. Sie werden wie die Vögelchen gestopft und sind in steter Begleitung der Mutter. Allerdings bleiben die Knaben meist zu Hause um zu arbeiten. Sie treiben Ziegen und Schafe auf die Weide. Die Betreuung der Ziegen ist ein wichtiges Amt. Um sich den langen Tag auf der Weide zu vertreiben haben sich die Jungens eine Reihe von Spielen ausgedacht. Sie werfen mit Steinen (unschön!) nach Vögeln und kleinen Säugetieren, haben Steinschleudern, Pfeile, eine Art Knallbüchse, stellen Fallen und legen Fangschnüre. Die Jungen pflücken wilde Früchte von den Bäu-

men, braten Maiskolben und kommen trotzdem ‚sterbend vor Hunger' nach Hause. An allen Gesprächen, die um den Feuerherd der fast dunklen Hütte von den Familienmitgliedern und Fremden geführt werden, nimmt er lebhaften Anteil und sein kindliches Urteil fällt oft bedeutend in die Wagschale. Mit Kleidung ist er meist besser bedacht worden, denn er trägt bereits Schürze und Bergknappen-Fell.“

Im Jünglingsalter zwischen 12 und 15 Jahren ist der Malakenjunge ein richtiger Ziegenhirt geworden und wird nun bald Viehhirt. Er muß sich dann um Kühe kümmern und ihm bleibt neben dem Melken viel freie Zeit. Er lernt jetzt Körbe flechten, Schüsseln aus weichem Holz schnitzen, Pfeile, Bogen und Speere sowie Netze aus Schilfrohr und Bastseilen anfertigen. In diesem Alter werden die Kerlchen meist auch eitel. Das sah vor hundert Jahren in Afrika dann so aus: Sie drehen kleine Bastschnüre, versehen diese mit niedlichen Köpfchen und befestigten sie an ihren kurzgekräuselten Haaren. Die Haare werden mit Fett oder Milchrahm getränkt. Solcher Kopfschmuck ist von unaussprechlicher Schönheit und einem unbeschreiblichem Wohlgeruch, sicher nicht für unsere Nasen. Die jungen Männer drehen sich feine Lendenschnüre und befestigten daran kleine Ringe aus Messing oder Glasperlen. Da es noch keine Disco gibt, tanzt man die ganze Nacht hindurch im Freien oder in der Hütte. Musikalisches Talent kommt oft zum Vorschein, und so komponieren und spielen die jungen Makalaken, wie es auch heute junge Männer gern tun. Ist der junge Mann Sohn eines Schmiedes, so lernt er schnell die Herstellung von Pfeilen, Speeren und Beilen. Diese Dinge trägt er dann stets bei sich, sie sind sein größter Schatz.

In diesem Alter beginnen die jungen Männer, sich eine Frau zu suchen. Wie das geht, lesen wir bei MAUCH: *„Ist ein junger Mann so glücklich gewesen, eine Geliebte irgendwo entdeckt zu haben, so stattet er daselbst jahrelang hin und wieder Besuche ab, wozu er sich aufs Gefälligste und Geschmackvollste (d. h. Geruchsvollste) herausstaffirt. Er hat den ganzen Körper in schönsten Fettglanz gehüllt, auch vergißt er dabei nicht, sich eine reine, glänzende, mit den ausgesuchtesten Kunstschnitzereien verzierte Kalabasse von gefälliger Form und Grösse, wohl mit Fett gefüllt, umzuhängen.“*

Ist der junge Mann reich und kann den Preis für die Braut an ihren Vater zahlen, so kann er sie heimführen. Ist er arm, so darf er jahrelang für den Vater der Braut arbeiten – was sicher keine schöne Perspektive ist.

Das eheliche Heim ist entweder eine neue Hütte oder eine ausgebesserte alte. Sehen Sie die Zusammenhänge mit der Gegenwart?

Bald ist er in seinem neuen Zuhaus heimisch und „... *hat nun weiter Nichts zu thun, als bei der Arbeit ums tägliche Brot mit Hand anzulegen, bei Bestellung der Felder Hülfe zu leisten und, wenn er genügend essen und öfters Bier trinken will, sich nach weiteren Weibern umzusehen. Ist er arm und arbeitet er noch an der ersten, hat er wieder das Nachsehen!*

Werden die Männer alt und sterben, dann wird ihr Leichnam ebenfalls in eine Felshöhle gesteckt und wäre bald vergessen, wenn nicht da der Geist Motsimo wäre.

Mit dem hat es folgende Bewandtnis. Die Makalaka glauben an ein Fortleben des Geistes nach dem Tode. Ihr höchstes Wesen des ‚Guten' ist ‚Mali', das des Bösen ‚Khosi'. Das erstere wohnt im Himmel, das zweite unter der Erde. Ihre Erlebnisse verarbeiten die Makalakamänner interessant einfach. Haben sie im Leben Glück, dann ist dies immer ihrer eigenen Schlauheit und Geschicklichkeit zu danken. Sind sie vom Pech verfolgt, so sind daran immer andere Schuld. Wird jemand krank, so nimmt der Familiengeist Motsimo Rache dafür, daß ihm, als er noch als Mensch lebte, manches von dem jetzt Kranken verweigert worden ist.

Der Kranke wird irgendwann zu einem Doktor geführt und der gibt nun alles bekannt, nur nicht, daß sich der Patient vielleicht den Magen verdorben hat. Der Arzt wirft seine prophetischen Hölzer in die Luft und enträtselt die Ursache der Krankheit aus ihrer Lage am Boden. Zweifellos ist der Motsimo an der Krankheit schuld. Ihm hat der Kranke zu Lebenszeit ein Bier, eine Ziege oder ein Messer verweigert. Der Arzt erklärt, daß der Motsimo nun das Doppelte haben möchte, daß der Kranke am Abend einen bestimmten Sud trinken möchte und die Verwandten mehrere Nächte hindurch in seiner Hütte tanzen sollen. Natürlich kennt der Doktor die wahre Ursache des Leidens, aber man muß ja nicht alles sagen."

Denn, so Carl Mauch: „*Der Doktor zieht immer den besten Gewinn davon und weiss sich für seine Mühe bezahlt zu machen. So kam unter Anderem der Fall vor, dass ein Doktor ein leichtes Unwohlsein der Tochter eines armen Mannes wochenlang kurirte und als Bezahlung bloss die geheilte Patientin selbst zur Frau verlangte, obwohl er deren bereits fünf hatte.*"

Glückliche Rückkehr aus Afrika

MAUCH wollte bereits im April 1872 von Pikas Kraal zur Heimreise aufbrechen, doch die Träger ließen ihn wieder einmal im Stich. Im Juni befiel ihn erneut das Fieber. Nach für uns sicher unvorstellbaren Qualen und Verzweiflung erreichte er endlich etwa 20 km oberhalb Senna den Sambesi und wurde von den Portugiesen freundlich empfangen. Er fuhr dann weiter den Fluß hinunter und gelangte zum Städtchen Quelimane. An der Mündung dieses Flußarmes, genannt Quaqua, lag ein französisches Segelschiff vor Anker. Dessen Kapitän kannte MAUCHS Namen und verzichtete auf eine Vorauszahlung des Fahrpreises. Der deutsche Konsul in Marseille hat später die Überfahrt bezahlt und MAUCH die Weiterreise in die Heimat ermöglicht.

Dazu lesen wir (MAGER 1893, S. 399/400):

„So schied Mauch, der Entdecker reicher Goldfelder, arm von Afrika, arm, wie er diesen Weltteil auch betreten hatte, nur von dem einen Wunsche beseelt:

Mögen künftige, mit besseren Mitteln ausgerüstete Expeditionen dazu beitragen, daß man sich für jene Gegenden mehr interessiert, als es bisher der Fall war; das Land zwischen Limpopo und Sambesi bietet soviel des alten und neuen Wertvollen, daß eine weitere Vernachlässigung auch Ungerechtigkeit wäre. ‚Ich für meinen Teile schätze mich glücklich', schreibt Carl Mauch weiter, ‚dazu berufen gewesen zu sein, gewissermaßen den Vorläufer zu machen, und ich hoffe, daß die Resultate meiner achtjährigen, mit so bescheidenen Mitteln ausgeführten Reisen Anregungen geben zu näherer Erforschung des Landes und Verwertung seiner kostbaren Produkte.'"

Zu Hause, in Deutschland, hatte man schon lange nichts mehr von CARL MAUCH gehört. AUGUST PETERMANN hatte freundlicherweise viele Berichte des Forschers seinem Vater in Comburg geschickt, doch da kam schon lange nichts mehr an, und in Gotha wußte man nichts über das Verbleiben dieses Mannes.

Wieder zu Hause

MAUCHS Vater hielt den Sohn für tot, doch die sonst immer sehr ängstliche Mutter glaubte an seine Rückkehr. Sie behielt recht. Eines Tages berichteten die Zeitungen von der Ankunft CARL MAUCHS in Marseille. Die Seeluft hatte dem immer noch Fieberkranken gut getan, und so verringerte sich das Leiden. Der erste Weg führte MAUCH nach Gotha, wo er am 9. Januar 1873 ankam und bis zum 20. Januar verweilte. Danach reiste er nach Hall, dort traf er auf dem Comburg seinen Vater noch lebend an. MAUCHs Vater starb am 25. Juli 1873.

Natürlich wollten MAUCHs Landsleute nun den berühmten Reisenden und Entdecker persönlich kennenlernen. So fand am 7. April 1873 in der Liederhalle zu Stuttgart sein erster Vortrag statt. Den zweiten hörte der Alpenverein am 7. Mai und ein dritter fand wieder in der Liederhalle am 10. Mai seine interessierten Zuhörer.

Anhand einer selbst gezeichneten Karte sprach MAUCH in einfachen und schlichten Worten. Er berichtete über die Reise von Natal nach Transvaal, die zahlreichen Wanderungen unter schweren Bedingungen, vom Entdecken der Goldfelder und der Ruinen von Simbabwe.

Am 15. Mai war MAUCH Gast der Geographischen Gesellschaft zu Berlin, wo sich die Mitglieder der Kongo-Expedition verabschiedeten. MAUCH hatte dabei interessante Begegnungen mit PESCHEL, ANDREE, BASTIAN, RICHTHOFEN und KIEPERT sowie SCHWEINFURTH und ROHLFS.

Am 16. Juni sprach MAUCH wieder in der Stuttgarter Liederhalle über den Stamm der Makalaken und über die von ihm entdeckten Ruinen. Hier brachte er öffentlich die Bauten von Simbabwe mit der Königin von SABA in Beziehung und kam zu dem Schluß, daß das biblische Ophir mit Simbabwe gleichzusetzen sei.

Die Chronisten berichten weiter, daß MAUCH zu Hause jedoch keine Ruhe fand. Er hatte keine Anstellung, war also arbeitslos! Noch einmal kam Hilfe von hoher Stelle. König KARL von Württemberg empfing den Forscher und ließ sich über seine Reisen berichten. Schließlich bewilligte er MAUCH zur Förderung seiner wissenschaftlichen Studien 500 Gulden aus der Staatskasse und 300 Gulden aus den königlichen Privatmitteln.

Damit konnte CARL MAUCH zunächst einmal die Schulden in Südafrika bezahlen.

Am frühen Ende eines Forscherlebens

Wenig später plante der Leipziger Naturforscher OTTO KUNTZE eine wissenschaftliche Reise nach Mittelamerika. AUGUST PETERMANN schlug ihm vor, als Reisebegleiter CARL MAUCH mitzunehmen.

KUNTZE war wohlhabend und konnte die Reisekosten selbst aufbringen. Am 1. Februar 1874 trafen sich die beiden auf dem Dampfer „Moltke“, um zur dänischen Insel St. Thomas in den Kleinen Antillen in Westindien zu fahren.

PETERMANN hatte CARL MAUCH mit zahlreichen Empfehlungen und auch Tips gegen die Malaria ausgerüstet. Er bat ihn um laufende Reiseberichte, doch MAUCH hat nie auch nur einen einzigen nach Gotha geschickt.

Mißlungenes Reisevorhaben

Am 22. Februar kam das Duo auf St. Thomas an, und wenige Tage später sitzten sie über nach San Juan, zur Hauptstadt Puerto Ricos. In drei Wochen sammelten sie Pflanzen, reisten nach dem britischen Trinidad und kamen am 6. Mai in Venezuela an.

In der Hauptstadt Caracas muß es zu ersten Auseinandersetzungen zwischen den Forschern gekommen sein.

KUNTZE äußerte sich dazu an verschiedenen Stellen (zitiert nach SOMMERLATTE, S. 286):
„Mauch ist leider sehr empfindlich und oft kurz angebunden. Für gewöhnlich ist er einsilbig und zugeknöpft, nicht ein bischen entgegenkommend. Er ist leicht übelnehmend, verträgt namentlich keine anderen Ansichten ... Selbst in wissenschaftlichen Sachen ist er wenig mittheilend, und ist ein fröhliches, gemeinsames Arbeiten mit ihm unmöglich. Ich will lieber allein reisen, dann studiere und lerne ich auch mehr ... Mit Mauchs frischem, kühnem Unternehmensgeist ist es vorbei. Er sagt, er habe in Afrika genug gethan und nannte es eine Eselei, einsam des Nachts im Freien zu campieren oder einen langen Marsch zu machen, rühmte sich aber solcher Extravaganzen gern in Gesellschaft ... Infolge des traurigen Benehmens von Mauch kam es in La Guaira zu einer gegenseitigen Erklärung, wobei ich Mauch sagte, daß wir uns demnächst trennen würden“, soweit KUNTZE.

Beim deutschen Vertreter in Caracas ließ KUNTZE sein Testament, in dem er MAUCH alle Sammlungen und Reiseutensilien übereignen wollte, ändern. Dann gab er MAUCH das Geld für die Heimreise.

Die charakterliche Änderung MAUCHS ist sicher auf die Jahre des Kampfes, der Einsamkeit und Mittellosigkeit in Afrika zurückzuführen.

Vor seiner Abreise in Caracas schreibt MAUCH noch nach Gotha an AUGUST PETERMANN. In diesem Brief teilt er die Rückreise mit. Er wirft KUNTZE unwissenschaftliche Arbeitsweise vor, gesteht aber auch, daß er oft keinen Widerspruch ertrage und die Scherze KUNTZES nicht verstanden habe.

Ende Juni 1874 lief MAUCHS Schiff in Hamburg ein, und er begab sich zunächst wieder nach Gotha. Über die Unterredung mit PETERMANN gibt es keine Informationen. Begeistert wird der einstige Förderer von MAUCHS Versagen gewiß nicht gewesen sein.

Einige Wochen später bot der Präsident der Afrikanischen Gesellschaft, Professor BASTIAN, MAUCH eine Stelle im afrikanischen Gabun an, wo er die geologischen Grundlagen erforschen sollte. CARL MAUCH lehnte mit der Begründung ab, daß sein achtjähriger Afrikaaufenthalt seinen Körper bereits so geschwächt habe, daß er sich den neuen Anforderungen nicht mehr gewachsen fühle.

Auf dem „Abstellgleis“

MAUCH wollte seine Reiseergebnisse aufarbeiten, doch wieder wurden die Finanzen jetzt knapper. Es gibt von ihm eine mehrdeutige Aussage, die auf Suizid als letzten Ausweg schließen könnte.

In dieser Situation kam wieder Hilfe, diesmal aus Blaubeuren. Hier bot man ihm eine Stelle als Geologe im neu errichteten Zementwerk an.

MAUCH war verbittert, hätte er doch viel lieber in einem naturhistorischen Museum gearbeitet und seine Wissenschaft fortgesetzt.

Im September 1874 schreibt CARL MAUCH seinen letzten Brief an PETERMANN. Er schildert die Übernahme des Postens im Zementwerk Blaubeuren und hofft, keinen Fehler damit begangen zu haben. Er äußert gegenüber PETERMANN auch die Bedenken, undankbar zu erscheinen, da er ihm ja doch sehr viel verdanke. Doch schließlich muß er leben, sein täglich Brot verdienen und nach der gescheiterten Mittelamerikareise mit KUNTZE traut er sich auch gesundheitlich keine großen Strapazen mehr zu.

Die letzten Sätze dieses Briefes sind durchaus als Resümee aufzufassen (zitiert nach SOMMERLATTE, S. 291):
„Ich bin überzeugt, daß auch Sie mir, mein bester Freund, diese Gründe billigen werden; mein Ihnen gegebenes Versprechen, im

Jahre 1863, auch mein Scherflein zur Erforschung Afrikas beizutragen, habe ich ja doch erfüllt, und ich glaube nicht, daß meine Arbeit völlig in Vergessenheit gerathen wird, so sehr man sich auch von gewissen Seiten Mühe gibt, dies zu veranlassen; man wird eines Tages schon finden, daß ich die Wahrheit und nur die Wahrheit berichtet habe, und die ist beständig. Ich darf mit Befriedigung, ohne den geringsten Vorwurf zurückblicken, und die Erinnerungen daran sind schöner, seit ich's unter den nun eingetreten Umständen nicht zu bereuen habe, die schönste Zeit meines Lebens in der Wildnis verbracht zu haben, Gott sei Dank!"

Von den letzten Monaten in MAUCHs Leben wissen wir nicht viel. Er wohnte in einem möbilierten Zimmer des dritten Stocks des Bahnhofsgebäudes Blaubeuren. Es gibt aus diesen letzten Wochen keine Briefe, keine erhalten gebliebenen Arbeiten an seiner Reiseauswertung, ja wir wissen nicht einmal, mit wem MAUCH in dieser Zeit Umgang pflegte. Seine physische und psychische Gesundheit muß arg zerrüttet gewesen sein. Sein Selbstbewußtsein war auf Grund vieler Demütigungen weitestgehend zerstört.

AUGUST PETERMANN hat noch, als Antwort auf MAUCHs letzten Brief, zur neuen Stellung in Blaubeuren gratuliert.

Tödlicher Unfall

Das Unglück geschah am 26. März 1875. Bei seinem Amtsantritt in Blaubeuren befiel ihn eine Lungenentzündung. Diese heilte vermutlich nur teilweise ab, und es blieben nächtliche Brustbeklemmungen mit Hustenreizen. Linderung brachte ihm das Einatmen frischer Luft am Fenster seines Zimmers. Der 26. März war Karfreitag, und MAUCH hatte tagsüber mit Freunden einen Ausflug nach Gerhausen unternommen. Gegen 23 Uhr kehrte er in seine Wohnung zurück, entkleidete sich bis auf Hemd, Hosen und Strümpfe und legte sich unter das Fenster. Irgendwann wird er sich aus dem Fenster gebeugt haben, bekam Übergewicht und stürzte in die Tiefe auf das Pflaster des Bahnhofes.

Erst um 4 Uhr früh wurde durch das Schreien eines Kindes der Bahnhofsverwalter STOLL geweckt und hörte schwache Hilferufe. Er vermutete die Ursache der Rufe erst im Haus und suchte, als er nichts finden konnte, das Gebäude außen herum ab. Schließlich fand er MAUCH blutend auf dem Pflaster vor seinem Fenster liegen. Er fragte ihn, wie er denn dort bei verschlossener Haustür hinkäme, doch darauf wußte MAUCH, der offenbar bei Bewußtsein war, keine Antwort.

Um MAUCH wieder in sein Zimmer zu bringen, brauchte der Bahnhofsverwalter Hilfe und weckte mehrere Leute. Die wickelten den Schwerverletzten in einen Teppich und konnten ihn so in sein Zimmer bringen. Der gerufene Arzt Dr. BLEZINGER stellte fest, daß MAUCHS Wirbelsäule gebrochen und seine Füße gelähmt waren.

Am nächsten Tag rief man MAUCHS Freund GRÖNER telegraphisch aus Ulm herbei, und der fand den Verletzten munter und voller Hoffnung wieder gesund zu werden. Der Optimismus wurde von den Freunden offenbar nicht geteilt, und sie ließen MAUCH nach Stuttgart in das Ludwigsspital überführen. Inzwischen waren die Osterfeiertage angebrochen, und MAUCH war immer noch guten Mutes. Eine Zigarre wurde ihm abgeschlagen. Er wurde wieder, in einen Teppich eingewickelt und auf Stroh gepolstert, transportiert. Vielleicht sollten wir uns heute auch einmal solche Strapazen vergegenwärtigen, wo wir innerhalb von wenigen Minuten ein Auto des medizinischen Notdienstes rufen können.

CARL MAUCH bekam in Stuttgart eine sehr gute Pflege und ertrug die Qualen tapfer wie sein ganzes Leben lang. Dennoch verlor er am achten Tag das Bewußtsein und schloß am 4. April für immer seine Augen.

Die Obduktion der Leiche ergab einen zehn Zentimeter langen Sprung am Hinterhauptsbein, das rechte Schläfenbein hatte einen vier Zentimeter langen Riß. In den Hirnhäuten wurden Blutergüsse festgestellt, der elfte Brustwirbel war bei Zerquetschung des Rückenmarkes zertrümmert, die fünfte und sechste Rippe waren beiderseits gebrochen, und in den linken Brustfellsack hatte sich ebenfalls Blut ergossen. Die Leber zeigte mehrere Risse. Er hätte damit, auch unter heutiger medizinischer Erkenntnis, keine Chance gehabt, zu überleben.

MAUCHS Freund GRÖNER kam aus Ulm, um die Aufbahrung der Leiche zu organisieren. Er schnitt seinem Freund eine Haarlocke zum Andenken ab und steckte ihm ein Frühlingsblümchen in den Mund. MAUCHS Mutter, eine inzwischen altersschwache und leidgeprüfte Frau war erschienen. Ein Diener des württembergischen Königs KARL überbrachte ein an sie gerichtetes Beileidsschreiben.

Was blieb!

CARL MAUCHS Begräbnis fand am 7. April 1875, 14 Uhr, auf dem Pragfriedhof in Stuttgart statt.

Prof. WIELAND vom württembergischen Staatsanzeiger hielt die Abschiedsrede: *„Nicht ein alltägliches Leben beschließt hier seinen*

Kreislauf: ein edel angelegter und geistig gearteter Mensch, welchen die unbezwingliche Liebe zur Wissenschaft über die gewöhnlichen Bahnen hinausgetrieben, ist in der Vollkraft des Lebens durch ein unerforschlich Walten hinweggerissen. Die Liebe zur Wissenschaft war ein Grundzug im Charakter unseres verewigten Freundes. Noch in unreifer Gestalt begeisterte sie schon den Knaben und flößte ihm den Drang ein, unbekannte Länder zu erforschen. Den Jüngling spornte sie mächtig an, mit eisernem Fleiße den Schatz des Wissens und der Bildung zu heben, welcher den vom Schicksal mehr begünstigten fast mühelos in den Schoß fällt; und diese Liebe, sie beseelte auch den Mann und war ihm Führerin durch die weiten Länder, deren Erforschung er zu seiner Lebensaufgabe gemacht hatte. Sie hielt ihn aufrecht unter Gefahren und Entbehrungen, sie stärkte und ermutigte ihn in Armut und Unglück. Wie treu er dieser Liebe geblieben, das wissen die, welchen ein Einblick in sein Streben und in seine Arbeiten gestattet war. Er durfte sich darum auch der Achtung und der Freundschaft der Männer rühmen, welche durch ihre Entdeckungsreisen der deutschen Nation auf dem Gebiet der Erdkunde den ersten Rang geschaffen haben. Ebenbürtig reiht er sich ihnen an, und mit Stolz sprechen wir es aus an diesem Grabe: mit Ehren wird der Name Carl Mauch im deutschen Lande genannt!

Lauter und wahr, wie das Streben unseres Freundes, war auch sein ganzes übriges Wesen. Sein offener und gerader Sinn wußte nichts von Winkelzügen und krummen Wegen. Er war ebenso aufopferungsvoll für andere, als anspruchslos für sich. Seine ungeheuchelte Bescheidenheit verbot ihm, sich in den Vordergrund zu stellen; selbstlos vermied er es, seinen Vorteil zu suchen oder nach Anerkennung und Auszeichnung zu jagen. Nicht davon sprach er, wie viel er geleistet habe, sondern davon, wie wenig er habe leisten können.

... Ruhe aus, teurer Freund, von Deinen Leiden, ruhe sanft von Deiner Arbeit, auch Dir folgen Deine Werke nach. Uns aber soll Dein freundliches Bild unvergessen sein! Als Zeichen unserer Verehrung lege ich den wohlverdienten Lorbeer am Grabe nieder.“

Auf dem Unterbau von MAUCHS Grabhügel befindet sich eine Tafel aus Granit mit der Inschrift: *„Karl Mauch, Afrikareisender, geb. 7. Mai 1837, gest. 4. April 1875“.*

Die Grabstätte wurde im Zweiten Weltkrieg zerstört und 1977 von der Stadt Stuttgart und MAUCHS Geburtsgemeinde Stetten wiederhergestellt.

In Schwäbisch-Gmünd, wo MAUCH seine Ausbildung am Lehrerseminar absolvierte, wurde 1888 vom Verein der württember-

Abb. 53: Denkmal für Carl Mauch in Schwäbisch-Gmünd (Quelle: Mager 1893)

gischen katholischen Volksschullehrer eine Gedenkstätte für den Forscher und Entdecker errichtet.

HERBERT W. A. SOMMERLATTE (S. 293ff.) fasste das zusammen, was nach dem Tode CARL MAUCHS geschah. PETERMANN in Gotha war offenbar von dem Charakterwandel MAUCHS nach seiner Rückkehr so enttäuscht, dass er ihm in den Geographischen Mitteilungen nur einen sehr kurzen Nachruf widmete. Er enthielt genau genommen nur die Daten der MAUCHschen Reisen in Afrika. Ganz anders das Echo aus Südafrika. Hier wurden MAUCHS Reisen nach ihrem Wert für die durchwanderten Länder und die dadurch erfolgte Bekanntmachung in Europa bemessen.

Der höchste Gipfel der Drakensberge im östlichen Transvaal in der Nähe von Lydenburg trägt heute noch den Namen MAUCHS.

Leider gelang es den Erben nicht, den kompletten Nachlass CARL MAUCHS zusammenzuhalten und damit einer wissenschaftlichen Auswertung zuzuführen. Auf Bitten von MAUCHS Mutter war zunächst MAUCHS Freund GRÖNER Nachlassverwalter. Er hatte die Aufgabe, den Nachlaß im Interesse der Mutter zu verkaufen. PETERMANN beriet dabei GRÖNER. Ein erstes Angebot zum Kauf erging an das Naturalienkabinett in Stuttgart, doch dort lehnte man ab. Inzwischen meldete sich CARLS jüngerer Bruder JOSEPH aus New York. Er erhielt den Nachlass 1878, leider existiert kein Verzeichnis über seine Bestandteile. Als KARL GRAF LINDEN 1884 das heute nach ihm benannte Linden-Museum in Stuttgart gründete, begann er Unterlagen über württembergische Forschungsreisende zu sammeln. 1893 überließ ihm MAUCHS Bruder einen Teil der Hinterlassenschaft, der heute im baden-württembergischen Staatsarchiv liegt.

Etwa zwei Drittel der Tagebücher MAUCHS gingen durch die Nachl ssigkeit eines der MAUCHschen Biographen namens SCHLICHTER verloren.

Erhalten geblieben sind auch noch Unterlagen von MAUCHS Zusammenarbeit mit PETERMANN in Gotha. Sie befinden sich noch heute im Archiv des Perthes Verlages.

Literatur (Auswahl)

Apa Guides (1996): Südafrika. Berlin u. a.

BENT, J. T. (1892): The Ruined Cities of Mashonaland. London

Die Bibel (1972), 4. Auflage, Evangelische Haupt-Bibelgesellschaft. Berlin

CATON-THOMPSON, G. (1931): The Zimbabwe Culture - Ruins and reactions. Oxford

DAVIDSON, B. (1962): Alt-Afrika wiederentdeckt. Berlin

FROBENIUS, L. (1933): Kulturgeschichte Afrikas. Zürich

GSELLMANN, H. (1993): Südafrika. Graz

HALL, R. N. (1905): Great Zimbabwe. Meththuen

HERTEL, P. (1991): Gelöste Rätsel alter Erdkarten (= Geographische Bausteine Nr. 40). Gotha

HERRMANN, P. (1952): Sieben vorbei und Acht verweht. Hamburg

KLÖPPEL, E. u. CH. SCHAFFMANN (1985): In Simbabwe. Leipzig

KÖHLER, F. (1987): Gothaer Wege in Geographie und Kartographie. Gotha

KÖRNER, F. [Hrsg.] (1873): Süd-Afrika. Natur- und Kulturbilder. Breslau und Leipzig

KRAMER, H. (1989): Haack Kartenbuch „Afrika“. Gotha

MAGER, E. (1889): Karl Mauch. Stuttgart

MAGER, E. (1893): Karl Mauch, Lebensbild eines Afrikareisenden. Stuttgart

OFFE, H. (1937): CARL MAUCH. Stuttgart

RANDELL-MACIVER, D. (1906): Medieval Rhodesia. London

RATZEL, F. (1885): Völkerkunde. Erster Band: Die Naturvölker Afrikas. Leipzig

ROTHER, L. (1976): Carl Mauchs Reisen im südlichen Afrika. In: Rhodesien. (= Die Karawane 17, 1/2). Ludwigsburg

SOMMERLATTE, H. W. A. (1987): Gold und Ruinen in Zimbabwe, Gütersloh

SUCHY, G. [Hrsg.] (1985), Gothaer Geographen und Kartographen (= Geographische Bausteine, Neue Reihe Nr. 26). Gotha

WANGEMANN (1868): Ein Reise-Jahr in Süd-Afrika. Ausführliches Tagebuch über eine in den Jahren 1866 und 1867 ausgeführte Inspectionsreise durch die Missions-Stationen der Berliner Missions-Gesellschaft. Berlin

WARBURG, O. (1916): Die Pflanzenwelt. Zweiter Band: Dikotyledonen. Leipzig und Wien

Verzeichnis der Abbildungen

Verzeichnis der Abbildungen

Petermann's Geographische Mittheilungen

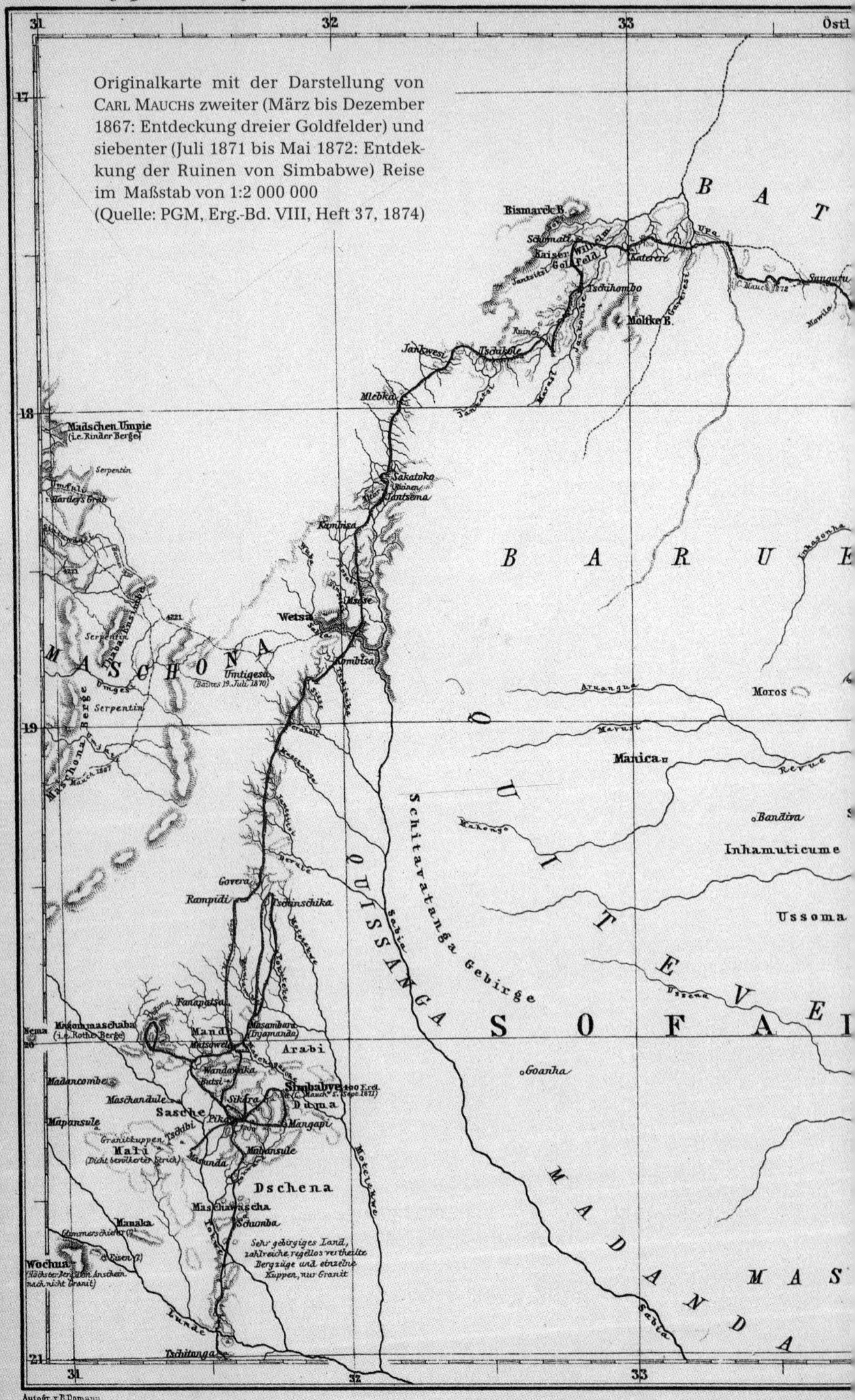

Originalkarte mit der Darstellung von CARL MAUCHS zweiter (März bis Dezember 1867: Entdeckung dreier Goldfelder) und siebenter (Juli 1871 bis Mai 1872: Entdekkung der Ruinen von Simbabwe) Reise im Maßstab von 1:2 000 000
(Quelle: PGM, Erg.-Bd. VIII, Heft 37, 1874)

Autogr. v. B. Domann